クオン
人文・社会シリーズ

IO

緑茶耽美

日・中・韓
茶文化の美

Seo, Eun Mi ソ・ウンミ［著］

瀧澤織衣［訳］

CUON

クオン
人文・社会シリーズ

IO

緑茶耽美

日・中・韓
茶文化の美

Seo, Eun Mi ソ・ウンミ ［著］

瀧澤織衣 ［訳］

CUON

茶の本来の
味を
堪能する

日本・中国・韓国の茶文化の共通点は、緑茶が中心であるということだ。三か国は皆、伝統的に緑茶文化を発展させてきた歴史があり、今もその文化を育んでいる。現在、全世界を見ると主に紅茶が消費されているが、伝統がもたらす力はそう容易に文化を変えられるものではなく、日本・中国・韓国では今もなお主に緑茶を飲んでいる。

　この三か国で緑茶によって茶文化が形成されていく過程では、ほかに選択の余地がなかったのだ。茶文化が形成されて発展するまでの長い間、東アジアで作ることができた茶は基本的に緑茶しかなかった。当時の茶の製造技術では発酵茶は作れなかったのだ。

　茶の製造技術は蒸してつくる蒸製法[じょうせいほう1]から炒ってつくる炒製法[しょうせいほう2]に発展した。炒製法が確立されたからこそ今日私たちが飲んでいる、発酵の程度によって多様な味と香りを持った茶を製造できるようになった。炒製法の起源は中国の唐の時代まで遡るのだが、技術が確立されて主流の製法となるまでには長い月日が必要だった。15世紀に入ると炒製法が主流となり、17世紀に至って（ヨーロッパに茶が普及された時期）ようやく発酵茶である紅茶文化が形成された。した

がって、その前までは蒸製法で作られた緑茶が消費の中心となるしかなく、自然に日・中・韓三か国でも茶文化は緑茶から始まった。

　茶の形態もまた製造技術の発展と関連があるのだが、当初かなり長い期間、緊圧茶（固形茶）が主流だった。これは時期と地域によって餅茶（ビンチャ、へいちゃ、もちちゃ）、片茶、團茶、韓国の餅茶など様々な名称で呼ばれた。製造技術が未発達であったため、茶を長期間保存するためには緊圧茶の形態の方が適していたからだ。さらに、適当な保存容器の確保にも限界があったので、茶葉よりは緊圧茶の形態が保存と運搬に適していた。

　もちろん緊圧茶が主流といわれていただけであり、唯一だったというわけではない。８世紀に著された陸羽の『茶経』によると、当時の茶には觕茶、散茶、末茶［中国の表記。日本の抹茶とは製法が異なる］、餅茶があった。この中で保存と運搬に容易で好まれたものが緊圧茶である餅茶だった。觕茶は粗い茶で、茶摘みの時期としては遅い時期に摘み取った葉で作った低廉な茶、散茶は葉茶の形態をしており、末茶は粉茶を指す。散茶と末茶は長期間の保存が難しく、賞味期間も短かった。

　日本・中国・韓国の茶文化が持つもうひとつの共通点は、茶のみで飲むということだ。三か国すべてが、茶になにも加えずに飲むことが正統であると感じていた。もちろん茶文化がいち早く開けた中国では混ぜ物方式を経て、茶のみで飲む方式が定着した。中国三国時代の記録である『広雅』によると、当時の人々は茶にネギや生姜などを入れて煮出して飲んでいた。茶を茶のみで、またその本来の味に集中して飲みはじめたのは、８世紀に入ってからだった。

　中国の茶文化を集大成した陸羽の『茶経』では、水に塩だけを入れて味を調え、茶を沸かして飲むようにと教え導いた。しかし人々は、あいかわらずネギや生姜、ナツメ、みかんの皮、シュユ、ハッ

カなどを入れて飲んだ。陸羽はこのような習俗に不服を唱え、文人たちもそれは茶を飲む正統な方法ではないと批判した。だが、何かを加えて飲む方法は容易なだけでなく、味も良く健康にも良いということから、家庭では以前のままの方法で飲んでいた。

　一方、今日のように茶葉に湯を注いで茶湯だけ飲む方式も様々な段階を経て確立された。日本・中国・韓国の三か国すべてが、茶を飲みはじめたころは現在と違って、主に末茶を飲んでいた。水に末茶を入れて煮立たせる方法から、茶杯に末茶を入れ、湯を注いでかきまぜて飲むという方法にかわった。その次の段階で茶葉を湯に浸して飲む方法が主流となった。

　最後に、日本・中国・韓国の茶文化に共通している特徴のうち欠かせないこと、それはまさしく茶を通して宗教的な心性が表わされているという点である。伝統的に東洋人が茶を通して表わそうとしたものは物質的なことだけではなかった。ひょっとすると東洋で緑茶、それも末茶を飲みはじめたことから、東洋人が茶を通して具現しようとする方法が定められたのではないだろうか。濃度のある茶の味を通して東洋人は、手軽に茶本来の味を堪能したはずだ。さらに、茶の普及に大きな役割を果たした道士と禅僧が、茶を通して具現しようとした方法に非常に大きい影響力を及ぼした。そして、道教の神仙思想と仏教の禅思想は、茶本来の味を探求して追究する文化と密接した関わりを結んでいく。

　このように、三か国の茶文化は、東洋人の日常生活にこめられた美を垣間見ることのできる興味深いテーマだ。現在の東洋の伝統文化は、形式的な理解の範囲を越えて、今日という時点で再解釈をし、共感できる新しい文化に再現されている。この新しい文化の拡散のためには、伝統についての正確な認識と文化的な眼目を備えておく必要がある。

茶文化にこめられた美

　　茶の
　　美

　「茶文化」という言葉はすでにごく日常的な単語である。これは
茶という飲み物が単純に喉の渇きを解消し、身体を治癒する機能だ
けではないということだ。今日、人々は茶、そして茶と関連する道
具や場所に愛情をそそぎ、満足感と美を追求する。茶を通して多く
の事柄を具現して鑑賞する水準にまで発展させたということは、す
なわち茶は美という広い領域を擁するようになったということだ。
　茶にたいして特に関心がない人は、浅緑色の緑茶と濃い赤褐色の
紅茶が同じ茶葉で作られるという事実に驚く。くねくねした形をし
た韓国の煎った緑茶と、アイロンで押さえたようにぱりぱりした日
本の蒸し製緑茶もやはり同じ茶葉で作られるのだが、にじみ出る
色も、味も違う。ひとつの茶葉が形も味も違う別の物のように製造
されるというのは、茶が味あわせてくれる大きな楽しみであり魅力
だ。そしてその多様さのなかで豊かな文化が花開いた。

葉から茶に

　長い年月の間、茶が絶えず愛されてきたということは、それだけ魅力的な要素が多いという意味であるはずだ。また、時代の嗜好によって変化することにこだわらなかったという意味にもなるだろう。それでは茶が持つ魅力とは何だろうか？　まずは、カフェインを含んだ飲料という特徴が挙げられる。しかしこれだけでは十分ではない。

　チャノキから葉を摘み取って活用するようになった時点から、茶は人間の生活のなかに浸透し、絶えず多方面に豊かさを与えた。はじめは生産地域においてのみ嗜んでいたものが、非生産地域にも普及され、緊圧茶から末茶に、そして葉茶に変化した。また、茶葉を煮て飲み（煮茶法）、湯に茶葉を入れて飲み（點茶法）、湯を注ぎ飲む（泡茶法）ことで、茶を飲む様々な習慣も拡散された。道家のように自由な雰囲気の中国南方地域から北方地域に伝播しながら、仏教的であり儒教的な節制と絶対性、具体性が加わった。文化は共有され学習されながら蓄積されるものであるから、文化の要素を備えた茶はだれも拒否できない飲料となっていった。そしてその文化は常に変化しながら発展した。

　最初に茶葉を摘み取ることから始まってさらに多くの人の手が加わり、茶は飲料として根づいた。初期には茶葉のみの味を出すことが難しく、添加物を入れて飲んだ。ネギや生姜、みかんの皮などを入れて煮て飲んだのだ。以後、栽培技術と製造技術を集積しながら茶は初めて独立した領域を確保することができた。

　茶葉を摘み取ってから、茶として飲める段階にするまでの作業は容易ではない。初春の茶畑で新芽を摘み取る収穫者の手の動きはと

ても速い。やみくもに摘み取るのではなく、必要な葉を素早く正確な動作で収穫する。一般人が真似できない判断力と速度だ。その後にも収穫した葉を分類し、水分をある程度まで飛ばして乾燥させるなど、茶として完成するまでのいくつもの工程には多くの専門家の努力が必要となる。

したがって、茶に関心を持つ人が茶葉のかたちに惹かれるのはある意味当然だ。最初こそ好奇心と審美的な関心だろうが、最後には茶にこめられた生産者の苦労と専門技術を知ることになる。その結果、作られた茶葉のすばらしさに共感することになるだろう。姿かたちがきれいで不思議なだけでなく、茶を眺めながら飲んでいるとかぐわしい香りと味に絶えず驚嘆することになる。

このような関心の広がりがやがて文化となり、その文化を共有し、変化させていくエネルギーとなるのだ。小さな茶葉の形についての関心ですらも果てしなく世界は広がる。茶や、茶を飲む人によって蓄積される文化の内容は非常に豊かになる。そしてこのような豊かさが、やはり人を魅了する。

黄金のような茶

木の葉は黄金にはならない。土で作った陶器が黄金にならないのと同じことだ。だが、歴史を振り返ってみると、葉が黄金を凌ぎもしたし、実際に土で作られた数百グラム程度の茶壷（teaport）[1]が黄金２キログラムに匹敵したりもした。日常使いの鉢に特別な名前がつけられ、それはやがて宝物になる。まさに茶葉こそ宝物そのものであり、茶具も宝物だった。これは茶と茶具をつくるとき、その価値の確立にどれだけ努力したのかを見せるのと同時に、その茶と茶具が美と希少性、そして権威を兼ね備えているかということを意味

する。

　芸術的価値がある所蔵品であれば、その素材の価値と関係なく黄金を凌ぐ価格が形成される。しかし、消費材だとしたら限界がある。生産してその年に消費されるもっとも優れた茶が、黄金の価値を超えられたのはどのような理由からだっただろうか？　また希少性と権威はどうやって築かれたのだろうか？

　中国の伝説時代は皇帝が統治する時代だった。皇帝という絶対権力下では、想像を絶する価値の創出が可能だった。皇帝には統治地域のすべての産物を享受する権利があったので、各地の珍しい特産品は宮廷に献上された。茶もその献上品のひとつだった。皇帝に捧げる茶は珍しいものではあったが、だからといって黄金を凌駕したわけではない。生産量が少なくなければ、皇帝に捧げる分量以外は民間でも販売できるからだった。

　だが、ある時点になると民間で販売できない宮廷専用の茶が製造されるようになり、茶の価格と権威は最高潮に達した。それは999年、中国宋の時代の福建路北苑で宮廷の茶、すなわち北苑茶が生産されはじめてからのことだ。この年に貢茶の供給方式を変える画期的な措置が断行された。各地方の上等品を宮廷に上納する既存の方式をやめて、貢茶地域を一か所に限定したのだが、その場所こそが福建路の北苑だった。北苑茶はこうして単一地域の御茶としてはじまった。

　この措置は一挙両得の効果があった。つまり、宮廷の需要のおかげで、民間の茶の生産と消費の活性化で得る国家の財政収入が確保でき、同時に宮廷の茶の権威を高めた。当時、茶に対しての税は、国家財政への寄与度が高いことが肝要であったため、これを妨げる既存の貢茶制度は改めるしかなかった。宮廷は多くの地域からの貢茶を放棄するかわりに、宮廷だけの絶対的価値を作りあげることを

選択したのだ。すでに全国で30余州が献上していた貢茶は単一地域である北苑からのみ供給された。

　北苑では、あの名だたる龍茶、鳳茶、龍團勝雪のような伝説の茶が生産された。当時最高の製造技術が導入され、製造技術の進歩とともに歴代の福建轉運使（福建路の財政と船での運搬を管掌していた官吏）の忠誠心を競う手段となった。龍團、小龍團、龍團勝雪などは皇帝の下賜がなければ手に入らない茶だった。民間で販売されなかったので、金を持っていても買い求められなかった。

　そのような事情から北苑御茶園で茶を生産する過程は特別にならざるをえなかった。茶葉を摘み取る人夫も厳選した。毎日五更（午前3時から5時）に太鼓の音がすると225人の茶葉を摘み取る人夫が監督官に引率されて茶園に入る。彼らは茶園の地理に精通していて、茶葉の成長の速度が場所によって違うことを熟知しているだけでなく、茶葉を摘み取る技術も熟練していた。2時間後、鉦がなると作業をやめて撤収する。このように茶葉を収穫するのも適時にだけ行われる厳格さが維持された。

　初期には龍脳を加えることで民間の茶と差別化し、優位性を高めたりもした。しかし龍脳を入れて香りを高める方式は、龍團勝雪が作りだされたころにはもう使われなかった。技術開発が引き続き行われ、999年以来、120余年間で約40種におよぶ宮廷茶が作られ、ついに3.6cm角の龍團勝雪が製造され、緊圧茶の製造技術のピークとなった。

　茶葉の等級を称する用語も御茶を生産する過程で生まれた。おおよそ小芽、揀芽、紫芽の順で、小芽は雀の舌や鷹の爪のようなとがった形のまま葉が広がっていない新芽をいう。これは芽茶ともいう。揀芽は一つの芽に一葉をつけたもので一槍一旗ともいう。紫芽は一つの芽に二葉をつけた一槍二旗だ。一槍一旗の揀芽はごくまれ

にしか摘み取れず、奇茶と呼ぶほどだったが、初春にごく少量だけ得られる小芽、すなわち芽茶はさらに希少の極みだった。そのほかにも龍團勝雪を製造する過程で水芽という等級名称が生じたりもした。1120年、福建轉運使鄭可簡が銀線水芽という茶を作ったのだが、これが龍團勝雪ができる前の段階だ。この茶は育った芽の中の芯だけを選り分けたもので、そのやわらかくて薄い姿が銀色の糸のようであるといわれた。

　皇帝は、国家が不安定なときですら北苑の茶に固執した。1155年、南宋は金との戦争による国難克服と社会安定のために、一時的であったが献上制度を廃止する措置を断行した。当時の皇帝、高宗はこう言った。「奉納により国民の苦労が多いのですべてを廃止する。しかし福建の貢茶だけは、代々長い間納めてきたものだから、廃止しないものとする」。献上品のうち、歴史がないものであれば廃止されたのだろうが、ただひとつ北苑の貢茶だけは引き続き献上するようにという意思がこめられた言葉と言わざるを得ない。

　北苑は生産と技術面における先進地域で、技術革新を続けてきたために、その名声は今日までも続いている。それは北苑が品質の良いチャノキが生長する自然条件を兼ね備えていたという面もあるが、食糧自給が不十分で産業と貿易の発展が絶対的に必要な地域でもあるためだ。福州と泉州という活発な貿易港を保有していたことも福建の上質な作物の発展を刺激した。このような環境を基盤にして宮廷茶の供給地という名声は、地域内の茶の生産に負担を与えるというよりはより活気づけた。北苑周辺の民間茶園は繁盛し、御茶園の地であるという名を掲げて、全国でこの地域の茶を販売した。当時、福建の建茶は販売地域がもっとも広かった。このように現在まで続く福建茶の名声は深い由来を持っている。

　一方で龍團、小龍團、龍團勝雪という茶の名称は、後の朝鮮の文

人が書いた文章のなかでもしばしば確認できる。宋以降にも名声が続いて複製品がずっと生産され続けたのだ。特に、かなり後の時期まで緊圧茶を嗜んでいた朝鮮では、これらの茶が緊圧茶の代名詞のように認識されるほどだった。

　茶の高値競争は単に古代に限ったことではない。現代でも多くの高価な茶が生産されている。そのなかで最高峰は当然普洱茶_{プーアルチャ}だといえる。普洱茶は細菌発酵過程を経た 後発酵茶^{2 こうはっこうちゃ}なのだが、このような後発酵茶は熟成期間が長いほど味が深まり、その希少性のおかげで価値も高くなる。ウィスキーが熟成期間によって価格が違うのと同じ原理だ。

多様な名称から見た茶

　茶葉で作られる茶の種類はいくつあるだろうか？　宝城茶^{ポ ソンチャ}、龍井茶^{ロンジン}_{チャ}、普洱茶、宇治茶、ジャスミン茶、ダージリンティー、セイロン茶、抹茶等々、名前だけ見ても多様な茶があるのがわかる。宝城・宇治・龍井・普洱・ダージリン・セイロン茶はすべて地名を引用したものだ。ジャスミン茶は含有する花の名前からつけられたもので、抹茶は粉になった茶の形態を名前としたものだ。このように茶の名前をつける、多様な方式が存在する。

　もっとも一般的な方式は、茶が生産される地域の名をつけるものだ。茶をはじめとした農作物は土壌や気候等、生産地の性格と不可分の関係にあるため、名前に地名をつけるのはとても自然であり、普遍的だ。中国浙江省杭州の西湖龍井^{せい こ ろんじん}、四川省の鶴林仙茗^{かくりんせんめい}、江西省の蘆山雲霧^{ろ ざんうん む}、安徽省^{あん き しょう}歙縣^{きゅうけん}の黄山毛峯^{こうざんもうほう}、安徽省の祁門紅茶^{キーモン}、インドのアッサムティー、スリランカのウバ茶、韓国の宝城茶、日本の宇治茶が挙げられる。

生産地以外に茶の集散地の名称が茶の名前になることもあるのだが、代表的なものが中国雲南省の普洱茶だ。

　茶葉の形など外見的な特徴から名前をつけたりもする。雀舌茶は茶葉の形が雀の舌のようだということでつけられた。小さい雀のくちばしの中をいつのぞき見たのかとおもしろくもあるが、まだ開ききっていない新芽のとがった形が雀の舌と似ていると思ったようだ。珠茶は茶葉の丸い形が真珠のようだとしてつけられた名前だ。透明なガラスの茶杯にいく粒かを入れると、丸く固まった茶が水でふやけて開くのだが、その形がたいそう優雅だ。口の中だけでなく、目にも贅沢をさせてくれる茶だ。眉毛に似ているとして名付けられた眉茶は、眉毛がすっとしている東洋美人を連想させる。紫筍茶は、茶葉の形がとがった筍のようだとして生じた名前だ。銀針茶は綿毛が多い茶葉が銀の針のようだとつけられたものだ。これは、ガラスの茶杯に浸すと、銀の針のような茶葉が縦向きに浮いて上下に浮き沈みを繰り返す姿を目で鑑賞しながら飲む。碧螺春は、青い茶葉のねじれた形がサザエのようだとして生まれた名前で、竹葉茶は茶葉が竹の葉の形なのでつけられた名前だ。緑牡丹は、茶葉を何枚か束ねて丸い形にしてボリューム感を持たせた茶である。茶を浮かせると、まるで大きな牡丹が咲いているようだとしてつけられた名前だ。ガラスポットに入れて何回か振って華麗な花が咲く様子を鑑賞しながら飲む。ほかの見方をすれば、さながらハリネズミが丸まってとげを突き出しているようにも見える。

　そして、とうてい理解できない名前がつけられた茶もある。それらの茶のなかには原料であるチャノキの品種名を引用したものがある。水仙、肉桂、鐵觀音、大紅袍などがそれである。また、名前だけでその茶葉が摘み取られた時期がわかる茶もある。社前茶は、春分（3月20～21日頃）前後に摘み取った茶で作る。清明節（4月4～

5日頃）前に摘み取ったものは明前茶といい、穀雨（4月20〜21日頃）前に摘み取ったものは雨前茶という。

　茶の味と香りによってつけられた名前では花茶が代表的だ。菊の花を入れた茶は菊花茶、桂花を加えたものは桂花茶、中国料理店でよく見かけるジャスミン茶はジャスミンの花を加えて作る。味が苦いということから名づけられた苦茶もある。

茶具の美

　茶は早い時期から専用の道具、すなわち茶具（茶諸具（茶道具）ともいう）を使用して飲んだ。茶具の材料は陶磁器・金属・石・木など多岐にわたり、時代によってさまざまに構成される。茶を飲むために必要な茶具は急須と茶椀だけでも遜色がなく、さらに取り揃えたとしても数えられるくらい簡素だ。茶盤の上に急須と茶椀、茶壷、茶則（茶葉をすくうさじ）そして熟盂（沸かした湯をさます平たい器）をそろえる程度で十分だ。湯を沸かす電気ポットを使用したとしても簡素といえる。

　末茶を飲んでいた時代にはこれより多様な道具が必要だった。唐・宋の時代には主に末茶を嗜んでいたのだが、飲む方法が違うため茶具にも差があった。唐代の茶具については陸羽の『茶経』の「四之器」に、宋代の茶具については蔡襄の『茶録』や趙佶（徽宗皇帝）の『大觀茶論』、審安老人の『茶具圖贊』などに記載されて

いる。

　『茶経』では緊圧茶である餅茶をすりおろして煮出すときに必要な、25種類の茶具についての名称と素材、形態、製作方法、使用方法などのほかに、茶具の素材が茶に及ぼす影響にまで言及している。陳列棚である具列を除いた23種類の茶具を寄せ籠である都藍<ruby>都藍<rt>とらん</rt></ruby>に入れた。『茶錄』には9種類、『大觀茶論』には6種類、『茶具圖贊』には點茶に必要な12種類の茶具が列挙されている。

　唐代には主に末茶を釜に入れ煮出して飲んだ。このとき必要な茶具は『茶経』に提示された25種類だった。茶具の種類が多いのは、茶を煮出さなければならないために、炭と釜をのせる道具など、必要なものが多かったからだ。そのうえ塩まで加えるので、塩を入れる素焼きの壺と匙も必要だった。また、茶葉と水が融和する時間を確保するため熟盂が必要だった。

　実際に遺跡から出土された遺物のなかに、唐代の代表的な茶具としては次の2種類がある。ひとつは1987年中国陝西省法門寺から出土された茶具[3]で、もうひとつは副葬品として出土された花崗岩の茶具セット[4]だ。

　法門寺から出土された茶具を見ると、宮廷で使われた茶具がどれだけ華やかで美しかったかがわかる。本来、<ruby>阿育王寺<rt>あいくおうじ</rt></ruby>と呼ばれていた寺は、唐の時代「法門之門」という意味の法門寺と名前を変えた。太宗が在位した7世紀から、唐の歴代皇帝は法門寺の地下宮を30年ごとに開放して眞身舍利を宮廷内に祭る儀式を執り行った。しかし儀式は874年、僖宗が皇帝のときが最後となった。その後、舍利とともに歴代皇帝が奉げた貢ぎ物は地下宮に保管されたまま忘れ去られた。そして、1987年に法門寺の眞身宝塔を修理していたときに地下宮が発見され、そこから価値ある121点の遺物が出土された。

『茶経』に記録された25種類の茶具

種　類	茶　具	
火をおこす道具 （4種類）	風爐と灰承	下部に通風口が開いた火炉と灰受け
	莒 （きょ）	炭斗 （すみとり）
	炭撾 （たん な）	炭をたたいて割る炭割り
	火筴 （か きょう）	炭を火に入れるときに使う火箸
茶を沸かす道具 （2種類）	鍑 （ふ）	釜
	交床 （こうしょう）	釜を据える釜敷
茶を乾かし、挽き、 重さを量る道具 （5種類）	筴 （きょう）	茶ばさみ
	紙嚢 （し のう）	茶の香りの流出防止のための紙の袋
	碾と拂末 （てん ふつまつ）	茶を挽くときにつかう臼、茶末を掃くための器具
	羅合 （ら ごう）	細かい茶を作るときに使用する篩と茶を入れる容器 （ふるい）
	則 （そく）	細かい茶をすくうさじ　量り
水を入れ、漉し、 すくう道具 （4種類）	水方 （すいほう）	水を入れておく器。方形の水指。
	漉水嚢 （ろくすいのう）	水を漉す袋
	瓢 （ひょう）	瓢箪の果実の内部を取り除いた、酒などを入れる容器。ここでは柄杓の意。
	熟盂 （じゅくう）	沸かした湯を冷ます平たい器
茶を煎じる道具 （1種類）	竹筴	茶をかきまぜる大きい箸
塩を入れる、また はすくう道具 （1種類）	鹺簋と揭 （さ き けい）	素焼きの壺の塩入れと塩をすくう匙
茶を飲む道具 （1種類）	盌 （わん）	茶椀
清潔に保つための 道具 （4種類）	札 （さつ）	茶具についたものを拭くための刷毛
	滌方 （できほう）	茶具を洗う桶。建水。
	滓方 （し ほう）	茶殻を入れる容器
	巾 （きん）	布巾
茶の保管、または 飾る道具 （3種類）	畚 （ほん）	竹・藁などで編んだ茶椀入れ
	具列	茶具を置いて飾るもの
	都籃 （と らん）	茶具を入れ、保管する大きな籠

このとき5点の金銀製品と2点のガラス製品で構成された、7点の宮廷茶具が初めて世に姿を現した。保存状態もよく、宮廷の茶具としては初めての遺物だった。確認された7点の茶具は、茶碾、ガラスの茶椀、ガラスの茶托、茶羅、銀則、三足鹽台、小さい鹽台だった。茶碾は茶を粉状にするときに使う茶具で、茶槽と軸で構成される。茶椀は茶を飲むための器、茶托は茶椀を載せるもの、茶羅は茶葉をきれいにそろえるときに使う篩、銀則は銀でつくられた匙、三足鹽台は三つ足の塩の器をいう。

　発見当時、漆器の箱の中に茶碾・茶椀・茶托が入っていて、その横に茶羅と銀則が置いてあった。すべて僖宗に捧げた貢ぎ物で、華やかな文様に鍍金処理がされている。銀地に金で彩色し、彩りの美しさが際立って見える宮廷茶具だ。

法門寺から出土された茶具
花崗岩の茶具セット

台湾の国立自然科学博物館が所蔵する唐代の花崗岩の茶具セット
は、12種類の茶具で構成されている。四つ足の盆の上に把手がつ
いた2個の湯瓶、2組の茶椀と茶托、小さい皿が置いてあり、盆の
横には風炉と茶釜、そして茶を挽く茶碾と建水〔茶碗を温めた湯を捨
てたり、茶葉のかすを捨てる器〕として使われたと思われる、蓋のない
大きい器が置かれている。

　この花崗岩の茶具セットは副葬品だが、その様子から唐代の茶文
化の多くを知ることができる。風炉と茶釜は『茶経』に記録されて
いるとおり、煮茶法による茶を沸かすのに必要な茶具だ。また、把
手がついた様々な形態の湯瓶が使用されていたこともわかる。当
時、すでに茶杯に把手がついたものが生産もされていたが、概して
把手がない茶杯を使用していたという事実は、早い時期から茶托を
使っていたことがひとつの理由だろう。唐代の遺物中、茶杯と茶托
が一体化されているものもあるので、茶托の用途が早くから把手と
しての機能まで兼ね備えていたことがわかる。それだからだろう

唐代の把手がついた茶杯と茶托

か、中国では茶杯の把手に無頓着な傾向が見られる。

　宋代にも末茶を嗜んでいたが、飲み方は大きく違った。宋代の點茶法は茶椀に茶の粉を入れ、沸かした湯を注いでかき混ぜて飲む方法だったので、唐代とは重視された茶具に差があった。蔡襄の『茶録』には９種類の茶具が列挙されている。それは、茶焙、茶籠、砧椎、茶鈴、茶碾、茶羅、茶盞、茶匙、湯瓶とある。また、趙佶の『大觀茶論』には６種類の茶具が著されている。茶碾、茶羅、茶杯、筅、瓶、勺だ。そして、『茶具圖贊』には全部で 12 種類の茶具が記録されている。風爐、砧椎、茶碾、茶磨、茶杓、茶羅、茶帚、茶托、茶椀、湯瓶、茶筅、茶巾である。[6]

　列挙された茶具だけ見ても、以前より種類が減ったということと、新しい茶具が加わったことがわかる。點茶法で茶を飲むときは、茶葉をきれいに挽かなければならないために、茶葉を潰して挽く器具の発展が見られた。そこで石臼のように茶をきれいに挽ける茶磨が登場した。茶が釜の底に沈まないようにかき混ぜた唐代の竹筴がなくなり、その役目を、茶椀で茶に気泡がたつようにする茶匙と茶筅がとってかわった。宋代の茶具から、箸の形態は茶を煎ったり火の調節をするときだけ使われた。また、唐代には風爐を重視したために、適宜な温度で沸かすことが重要であったとすると、宋代ではむしろ、茶瓶で沸かした湯をほどよく冷ますことが重要だった。

　明・清の時代になると、茶葉を浸して簡単に飲む方法が主流となっていったので、茶具も簡略化され、茶壺と茶杯を中心としたものになった。当時、陶磁器の技術が発達し、茶具は鑑賞と所蔵の対象としても注目を浴びた。磁器の模様と色合いが多彩になり、工芸品としての価値が高まったのだ。

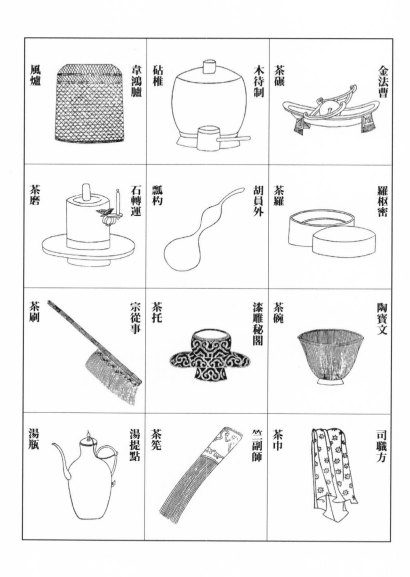

『茶具圖贊』に描かれている12種類の茶具

茶具の色と形

　明代の許次紓は『茶疏』の「煮茶器」の章で、茶を煮立たせるというのは茶、水、茶具、火の４つの要素が相互作用した結果であることを強調した。そこには、"茶は水の中で染みだし、水は器に注がれる。水は火によって煮立たせられて完成する。この４つの要素は相互作用するものなので、ひとつでも欠けると茶を成さない"とある。最上の茶を飲むためにはまず、もっとも良い茶葉を選別しなくてはならず、その茶葉に適した水を確保しなければならない。また、飲むのに適当な茶具がなくてはならず、適した火をおこす燃料もなくてはならず、火も適した温度にしなければならない。この４つの要素とそれらを扱う技術が円熟してこそ最上の茶の味が出せるのだ。

　しかし、その要素のうちもっとも人々の視線と感触を惹きつけるものは、やはり茶具だ。茶が注がれた様子と色から唇に触れる触感まで、鑑賞の幅がもっとも広いからだ。茶具は茶の味と色、香りを生かすのに重要なだけでなく、芸術として鑑賞するにも重要な機能となる。また心理的な部分にも大きな影響を及ぼし、昔から茶具は茶とともに極めて重視されてきた。歴史が古いだけに茶を飲む方法にも変化があり、茶具の製作技術も発展してきたため、好まれる茶具は時代によって様々な物が存在せざるをえない。

　まず、茶具の素材を見てみよう。茶杯は陶磁器が一般的だった。湯瓶は黄金製を上品とし、次に銀、鉄、石が使用された。茶籠の素材は竹、茶碾は銀製品が多く、茶匙には竹や銀がともに使われた。茶托の素材は漆器と陶磁器が主流だった。

　茶具をどの程度所有しているかは財力によって違ったが、宋代には末茶が商品として販売されるほど、茶を飲むことが日常化された

時期だったので、その需要の増加は諸産業の発展に大きな影響を及ぼした。庶民の家庭では、茶を砕いて焙るのに必要な砧椎、茶鈴、茶羅、茶碾、茶磨までは取り揃えられない可能性が大きいが、それ以外の専用器である保存容器や茶杯、茶瓶などは一般的に普及していた。さらに財力がある家では高価な装飾用の茶具と日常用の茶具を区別するなど、何種類もの茶具を取り揃えていた。茶具の使用の増加は、これと関連した商工業を発展させただけでなく、地域の特産品もともに発展させた。

　代表的なものでは陶磁器産業が挙げられる。11 世紀になると、中国は農業技術の進歩で生産力が向上し、商業経済が発達して富農や商人等の富裕層が増加し、庶民生活も向上した。それによって衣食住関連の道具の製作技術も進歩したのだが、特に陶磁器の製作技術が著しく発展した。

　それ以前には、陶磁器は貴族のような少数の需要のために生産されていたが、宋代になると一般にも需要が広がり始める。その結果、窯場（陶磁器を作る作業場）が唐代に比べて３倍にも増加し、規模も唐代とは大きく変化した。代表的な饒州窯（現　江西省饒州）の場合、唐代には１か所のみ、五代（唐が滅亡して宋が建国するときまで中原を統治した５つの王朝）時代には２か所にとどまったのだが、宋代では 12 か所に設置されて隣接する地域にも拡大された。こうして饒州窯、益州窯（現　四川省成都市華陽縣）などの規模は、以前と比較して 10 倍にも大きくなった。宋代には 100 余りの縣で数百か所の窯場が設置された。また生産量でも大きな進歩を遂げ、一つの窯で２万個以上の陶磁器を生産することができるようになった。これは長さ 50.36m、幅 2.25 ～ 2.8m にもなる巨大な窯を利用した大量生産が可能になったからだった。

　当時は官民の差がほぼない時代だった。宋代の法律書である『慶

元條法事類』第3巻「儀制令」には"庶民が使用する器に銀を使うことを許可する。ただし、金めっきしたものは使えない"とあり、当時庶民が使用できない容器は金めっきしたものだけだった。このような環境で陶磁器は、一般市民であっても茶具としてはいうまでもなく、普段使いの食器としても幅広く使用された。

さらには、金の使用禁止令も守られなかった。蔡襄の『茶録』と趙佶の『大觀茶論』によると、湯瓶の場合、金製品を上品として認識していて、資産家は茶匙も金製品を使用していた。貧しい家では普段使いの匙や箸を使用していたが、裕福な家では金製の茶匙を使用していたということだ。つまり、高価な容器の所有の有無は身分ではなく、貧富の度合いによるものだった。法律上、金製の茶具は宮中茶礼でのみ使われるものであって、民間では使えないはずだったが、実際には公然と使用されていた。一般市民に販売するために白金300〜500粒で装飾された茶具が製作された時代だった。

太原と潭州は、銅器製作で名が高まった地域なのだが、銅器とともに茶具も有名だった。特に洞庭湖の南側に位置する潭州は、茶の生産だけでなく、茶具製作も活発だった。洞庭湖周辺地域で製作された茶具は、「九江の佳物」と呼ばれるほど高い評価を受けた。廣南西路の雷州（現　広東省海康）は鉄の産地であり、鉄製茶具製作でも有名だった。雷州では鉄を素材にした茶碾、湯甌、湯匱などを作っていた。ここの茶具は品質面で建寧（現　福建省建甌）のものに見劣りしなかった。茶碾は、銀や鉄で作られたのだが、茶磨の素材は大概が石だった。茶磨の代表的な生産地としては衡山（現　湖南省衡山）があり、それ以外には南安軍（現　江西省大余）でも「掌中金」と呼ばれる茶磨が生産された。茶を飲む文化が広がっていくなかで、好事家の間では茶具セットを数多く取り揃えておくことを自慢の種とする人もいた。このように活発な茶具の製作は、陶磁器と

関連産業の発展を刺激した。

　一方、時代によって、注目される茶椀の色と模様はさまざまだった。唐代には「南青北白」という言葉があるほどの、青色の越州窯（現　浙江省餘姚縣）茶碗と、白色の邢州窯（現　河北省邢台）茶碗が有名だった。陸羽は『茶経』で越州窯を最高と書き記し、続いて岳州窯（現　湖南省岳陽）、鼎州窯（現　陝西省涇陽縣）、婺州窯（現　浙江省金華地區）を挙げた。越州窯と岳州窯の茶椀が青色を帯びていたために、上等品であると評価した。しかし、邢州窯の白磁器は茶の色を赤く見せ、壽州窯（現　安徽省淮南）の黄色の磁器は赤紫色に見せた。また、洪州窯（現　江西省豊城）の茶色の磁器は茶の色が黒く見えるので、どれも適さないとした。陸羽は茶の色が緑色に見える青色の磁器が茶具としてもっとも適しているとしている。

　当時、一部では邢州窯の茶椀を最上級品として評価したが、陸羽は白色の邢州窯の茶椀が青色の越州窯の茶椀に勝てない理由を三つ挙げている。それは、越州窯の茶椀が玉のようであり氷のようでありながら青色である反面、邢州窯の茶椀は銀のようであり雪のようでいて白色だからであると言った。彼は越州窯と邢州窯の茶椀を玉と銀、氷と雪で比較した。中国では玉を宝石以上に神秘的だとして珍重し、どんな宝石とも比較できないと考えた。金でもない銀は、さらに比較対象にならなかった。そのうえ玉のような越州窯は氷のように清く澄んでいて堅さまであると評価した。色においても茶の緑色が引き立つ青色が、茶椀としては最高であると考えた。

　宋代には黒色の茶椀が注目を浴びた。點茶法で茶を競う闘茶（とうちゃ）のときに湧きあがる白色の湯花（泡）を珍重したために、白色が際立って見える黒色の陶磁器が好まれたのだ。建州窯（現　福建省建口）が黒釉茶椀の製作で有名だった。その当時は、闘茶が流行して黒い杯が好まれたが、一般的に青磁・白磁・青白磁なども多く使用され

た。宋代の文献に記録された窯場だけ見ても 33 か所に及ぶ。[7]

　建盞の流行は、闘茶の流行と一脈相通ずるものだった。建盞の黒色は純白色の湯花を区別するのに適切で水の形跡もよく見えるので、茶の品質を区分するのにも便利だった。建盞の上等品は兎毫盞だったのだが、これは茶椀の表面にウサギの毛のような模様があったためだ。このような模様は建州の瓷土に鉄の含有量が多く、焼成するときに鉄分の結合作用によって生じるものだ。意図的に描いたり、毛状のものを作って土に混ぜられるものではないので、一層珍しいものとされていた。建盞は末茶の人気が下がるとともに消えていった。その後、葉茶を湯に浸して飲む泡茶法が流行すると、白磁が注目されはじめた。

　元代以降になると青華白磁が流行し、続いて五彩磁器などの多様な色を帯びた彩色陶磁器が流行した。茶を浸して飲む方法が主流となると、茶の色と茶具の色の調和に対する関心の度合いは小さくなった。そして、青華白磁はヨーロッパに輸出されると、ヨーロッパの生活文化と茶文化にも大きな影響を及ぼした。

使う美学：紫沙壺

　茶道を嗜むうえでは情熱と手間はもちろんのこと、時間もやはり必要だ。道具をよく理解して扱う段階になるまではそれだけの時間がかかる。茶具のなかで時間の価値を持つ代表的なものとしては、紫沙茶壺、すなわち紫沙壺がある。茶壺という名前は二重の意味を持つ。ひとつは茶葉を保存する素焼きの壺で、もうひとつは茶を浸す急須だ。中国では後者を指し、日本と韓国では前者を指す。

　明・清代に流行した紫沙壺には使う美学がこめられている。陶工の手によって生まれ、茶壺を使う人の手によって完成される。使い

込むことによってその価値をさらに高められる。実際に使いはじめの茶壺は変な臭いがしたりもするし、つやもない。色も濁っていて表面がざらざらしており、たいした物ではないように見えることもある。だが、しばらく使い込むと茶壺が茶の湯を含むことによって表面につやがでてきて手触りもよくなる。これは熱い湯と茶の湯を交互に入れる過程と、飲む人の手の動きによる反応の結果だ。そして茶壺は人の手によって高級品に生まれ変わり、はじめて完成品になるのだ。

宜興（ぎこう）（現 江蘇省無錫市）の紫沙壺は、明代にはすでに名声が高かった。紫沙壺という名前は、宜興の丁蜀鎮（ていしょくちん）一帯の鉱山で採掘され、金属成分を含有する粘土質の粉砂岩［シルト岩］をふるいで細かくふるって作った土を紫沙といい、それを水で練って泥状にしたものを紫泥ということに由来している。紫沙壺の材料は色によって紫沙泥、緑泥、紅泥の３種類に区分する。

紫沙壺は高温（摂氏1,100〜1,200℃）で焼く過程において気孔が形成されて保温性が良くなり、熱伝導性は低くなって茶壺として適した機能を備える。気孔のおかげで茶壺は茶のエキスを吸収しながら蓄積し、茶の味と香りを生かすことになる。釉薬を使わないので、使えば使うほど表面の光沢が増してさらに品格が上がる。俗にいう茶慣れという言葉は、ここに由来している。

供春（きょうしゅん）はよく、紫沙壺の創製者といわれる。しかし彼が紫沙壺を作る方法を開発したわけではない。供春を創製者と称するのは、彼が初めて茶壺の底に名を彫ってほかの茶壺と識別できるようにしたためだ。供春は科挙試験の準備をするために宜興の金沙寺に逗留することになった主人についていき、そこの寺僧から茶壺の製作技術を学んだという。供春が製作した茶壺は「殷・周時代につくられた青銅釜と双壁を成す」と評価されるほど高い水準を誇る。彼は茶壺

を芸術的な段階まで引き上げたのだ。

　明代の紫沙壺が名声を得られたのは、茶を飲む方法が以前と変わったためだった。以前の末茶ではなく、炒る方式の葉茶の消費が中心になると、茶を飲む際、さらに香りと味に集中するようになった。中国において15世紀は、緊圧茶を挽いて作った末茶が消滅して葉茶が主流となった時代だった。末茶は福建や広東、広西地域あたりで生産されていただけで、しだいに記憶から消えていった。丘濬は『大學衍義補』(1487)で「元代までは末茶が主流であったが、明代には葉茶が主流となって末茶がしだいになくなっていった」と記録した。

　末茶を飲んでいた時代は、人々は湯が沸く音と末茶をかき混ぜて泡を立てることを楽しんだが、すでに時代は変わって茶の色と香り、そして味を楽しむようになった。それだけ茶壺の機能も大きくなった。明代になると、紫沙壺は茶本来の色と香り、味がにじみ出るのに最適だという評価を受けた。

　紫沙壺は粘土質という点だけを見ると磁器に似ているが、作り方を見ると陶器だといえる。よって、宜興の紫沙もやはり瓷土ではなく陶土だという。陶土と瓷土は、陶工が習慣的に区分するものなので明確な基準がない。一般的に陶器に使われる粘土を陶土、磁器に使われる粘土を瓷土という。紫沙壺が陶器と磁器の性格を併せ持っているのは紫沙壺の気孔率を見れば理解できる。紫沙壺の気孔率は、陶器と磁器の中間である2%未満だ。つまり、吸水率が高い。これが茶の色と香り、味を生かすもととなる。釉薬を使わないことも、紫沙壺のこのような特徴を助けている。

　紫沙壺は形や模様によって光器、筋紋器、花形器の3つに大きく分けることができる。光器は、幾何学的な線と面で形を形象化したもので円形、四角形、六角形など多様な形態がある。簡潔な線とそ

れに調和する面によって端雅な美しさを追究しているのが特徴だ。
また、光器は華やかな服や装身具をつけていない素肌のままで視線
をさらう、芸術的な裸体画に比喩されたりもする。線と面、材質を
そのまま露出して満ち溢れた美を表現するからだ。筋紋器は花びら
を形象化したものが多く、左右対称であることと線の流れが重要視
される。茶壺の蓋から底まで水が流れるように線がつながり、切開
面も均等でなければならない。形状にこめられた美を鑑賞するの
に適した茶壺である。花形器は表面に自然の事物を写実的に描写す
る。蓮の上の蛙、梅の花、蝶、魚、鳥、日常品など様々な事物を浮
彫や半浮彫手法で表している。

　紫沙壺は芸術品として高く評価され、好事家のコレクションと
なったりもした。同時に紫沙壺は茶慣れの美学がこもった、すなわ
ち「養壺（茶壺を熟成させる意）」という言葉が生まれるほどで、茶を
飲む人の扱い方によってさらに輝く実用器である。よく馴染ませな
がら使えば、茶の味と香りが倍増するだけでなく、茶壺自体ももっ
と美しくなる楽しみを享受できる。

井戸茶椀と朝鮮の鉢

　「美に絶対的価値があるのか？」という質問についての議論は終
わりがないだろう。それが内在する絶対的なものであろうと付与す
る相対的なものであろうと、美しさとは感じ、そして共感する人の
ものではないだろうか。このような意味で井戸茶碗は、かつて私た
ちのものであったが、今は日本のものだといえるであろう。もとも
とは朝鮮の器だったが、日本に渡って井戸茶碗という名で伝わって
いる。そのなかの「天下一の茶椀」という喜左衛門井戸茶椀は、日
本の国宝第 26 号に指定されている。

私たちはこの井戸茶碗をマクサバルと呼ぶ。井戸茶碗と称されるようになった根拠はどこから出たものだろうか？　その起源は1931年に発表された柳宗悦の文章から読み取ることができる。彼は「喜左衛門井戸を見る」［『茶と美』に収録］で、井戸茶碗を次のように説明した。

> 　いい茶椀だ。だがなんという平凡極まりないものだ。（……）それは朝鮮の飯茶碗である。それも貧乏人が普段ざらに使う茶碗である。人々が見向きもしない物である。典型的な雑器である。一番値の安い並物である。

　朝鮮では人々が見向きもしない雑器の真実の価値を日本が認めたというのが、柳宗悦の論旨だ。井戸茶碗が日本に伝わっていなければ朝鮮に存在しなかったことになり、日本こそ井戸茶碗の故郷だと言った。『マタイによる福音書』に、イエス・キリストの生誕の地がナザレではなくベツレヘムであるとした真理と同じであるという比喩まで挙げている。
　日本で井戸茶碗の美しさが花開いた事実に対して異議を唱えるのは難しい。だが、これがマクサバルなのかについては懐疑的である。それが高麗青磁や朝鮮白磁と称されず、食器の機能があったことに対しては同意できる。しかし「ざらに作られていて、貧乏人も日常使っていた茶碗だった」という文には同意するのは難しい。朝鮮人にとって井戸茶碗はどのような器だったのだろうか？
　喜左衛門井戸茶碗は16世紀のもので、直径15.3〜15.5cm、高さ9.1cm、重さが370gである。大きさに比べて軽い。直径に0.2cmの誤差があるのは、完全な円形を成していないためだった。このような形態が、まさにこれが食器として製作されたという証拠といえ

る。そうでなければ窯から取り出すや否や割られただろう。

　しかし食器であるからむやみやたらと作られてざらに使われていたのか。窯で焼く過程を経る陶磁器は、むやみには作れない。裏山の土を掘って使ったとしても、いいかげんに固めて作るものではない。つまり、日常の食器として製作したといっても、基本的にそれにこめた真心と努力は小さくないのだ。井戸茶碗もそのような過程を経て誕生した器だ。ぞんざいに作った器であるはずがない。

　そうであれば、天下一の茶椀となった喜左衛門井戸茶碗の名称はどうやって形成されたのか？　まず、喜左衛門というのは、この茶碗を所有していた人物の名前だ。彼は大阪の商人で、姓は竹田だった。井戸という名称がついたのはいくつかの説がある。朝鮮の地名の音をそのまま字にあてがったという説があり、茶椀の形態による名称とする説もある。つまり、器の内側を見ると、井戸のように深い、という意味がこめられているというものだ。また、最初にこの茶碗を朝鮮から持ってきた人物が井戸三十郎という人物であったためという説もある。いずれにしても井戸茶碗が日本に来て以降、その美しさの目安を作り上げていく過程でいくつもの話が生まれたということだ。

　柳宗悦は日本の民藝運動の創始者であり、美術評論家だ。彼は1931年３月８日、有力者の好意と官僚の承諾を得て、京都の大徳寺孤篷庵に保管された喜左衛門井戸茶碗を直接手に取って見る機会を得た。このとき書いた文章が「喜左衛門井戸を見る」である。日本の茶人がたいていそうであるように、彼にも天下一という喜左衛門井戸茶碗を直に見るということには特別な意味があった。だからこそ、その感慨深さは格別であったはずだ。彼はそのときの感銘をこう記した。

これを見ることは「茶」を見る方法であり、さらには茶人の眼を知る方法であり、ひいては自分の眼を省みる方法になるからである。ともかくそこには美と、美への鑑賞と、美への愛慕と、美への哲学と、美への生活との縮図があるからである。

　柳宗悦にとっては、この茶碗が美への尺度、芸術の尺度だったのである。だから多くの日本の茶人が茶道を宗教であるとまでいうのだ。

　日常の食器として、陶工の手さばきさえ感じられるほど素早く作り上げられた器。だからこそ自然で素朴であり、単純な美を備えた朝鮮の器は、当時の日本人が探し求めていた「新しい追究を形象化する」ことと合致した。彼らが探していた新しい追究とは、以前の唐物と呼ばれた中国産製品が与える完成美と端正さ、そして武家社会の華麗で賑やかな集まりに対する反動だった。すなわち、市中山居と侘茶などに規定される素朴感と自然美、不完全性の美が、高麗物と称する朝鮮の陶磁器で形象化されたのだ。だから、朝鮮・慶尚道の、とある海辺で作られたという、出自も不確実な陶磁器を天下一の茶椀として受け入れた。これは16世紀の日本社会を経た後、ようやく形作られたものだ。このように日本なりの方法で作り出されたものだったのだ。

　それでは朝鮮においての井戸茶碗はどういうものだったのだろうか？　柳宗悦が言及したとおり、井戸茶碗は日本のものであり、日本に渡らなかったら朝鮮にはないのだろうか？　貧乏人も普段使いをし、見向きもしない物だったのか？　天下一の茶椀である井戸茶碗は朝鮮になかったが、朝鮮には食器としてのほかの多くの井戸茶碗があった。だからといって見向きもしなかった雑器だというのではない。日常の食器である井戸茶碗を作り出した職人がいたのな

ら、それは、その食器をいつも使いながら日常の喜びを享受してい
た大衆がいたという意味だ。現代の私たちには天下一の井戸茶碗を
理解することより、失ってしまった朝鮮時代の食器としての井戸茶
碗を探し出すことが尚も必要だ。

絵画から見える

茶

中国　絵画のなかの茶

　古代の絵画作品には、当時の暮らしを垣間見られる様々な要素が描写されている。生活の中に茶がどれだけ溶け込み、当時の人がどのような日常の楽しさと美を追求していたかを知る、良い資料だ。

　描写の内容は時代によって大きく違う。10世紀以前、すなわち唐代までは、主に支配層の宴会の様子が描かれていた。文化ともいえる多様な活動を楽しむ階層は、依然として限られていたことがわかる。庶民の姿は宴会準備をする侍従らに見つけ出せる程度だ。反面、10世紀以後になると、もう少し様々な姿が絵画の主題として登場する。上流階級の宴会の様子や、文人のうら寂しい暮らしの様子だけでなく、庶民のにおいが漂う街並みや遊びの様子が描かれたものも見られる。しかし明・清代になると、やはりまた上流階級を

1. 茶文化にこめられた美　　**41**

中心とした作品が主流となる。

　唐代の煮茶法をわかりやすく描写した絵としては「蕭翼賺蘭
亭圖^{しょうよくたんらん}」があり、のんびりと茶を楽しむ、趣のあるものでは周昉の
「調琴啜茗圖^{ちょうきんせつめいず} 10」がある。「蕭翼賺蘭亭圖」は茶托の形が宋代のもの
なので、宋人を模写したものと思われるが、茶を沸かす方法は唐代
の煮茶法を描写している。風爐の上に載せた茶釜の前にひとりが
座って茶湯をかき混ぜたり、泡をたてるときに使う竹の箸を持って
いる。もう一方の手で釜の把手をつまんでいる。茶をかき混ぜなけ
ればならないので、把手がついた釜は実用的なものだった。その前

蕭翼賺蘭亭圖　一部

には茶童が茶托をそえた茶碗を持って待っている。風爐の前に置かれた卓には塩壺と見られる小さな入れ物と、茶を挽くときに使う茶碾の軸が置いてある。

「調琴啜茗圖」では、ゆとりを楽しむ貴婦人の姿を鑑賞できる。侍女の介添えで、音楽を鑑賞をしながら茶を飲み、ゆったりとした時間を過ごす貴婦人が描かれている。中央の背を向けて座っている女は白い布で杯を捧げ持ち、茶を飲んでいる。おそらく温かい飲み物だろう。その右側の白い衣を着て座っている女は古箏の音色に聞き入っているようだ。侍女は茶を捧げ持って慎ましやかに立ち、主人を見ている。おそらく茶は黒い盆を持った左側の侍女が持って来たのだろう。桃の木の下の、平らに削られた石の上に座った女が古箏を弾き、ほかの女たちは豪華な椅子に座って茶を飲みながら音楽を鑑賞する。盆を持った侍女もしばし耳を傾ける。のんびりとした春の日の、上流階級の女たちの集いだ。

宋代以後の絵画ではより多様な姿を窺い見ることができる。宋代の點茶法が如実に描かれた作品はいくつかあるが、その中でも劉松年の「攆茶圖[11]」と、遼代の墓地壁画である「備茶圖[12]」は、點茶法の特徴と茶具の詳細がよくわかる。

「攆茶圖」には點茶法の特徴的な姿である、茶磨で茶を挽く姿と、茶を点てる茶筅が詳しく描かれている。絵の左下に茶磨で茶を挽く人が見えるが、挽いた茶がどれほど細かいのか、粉末になった様子までもが描写されている。點茶法は茶碗に末茶を入れて熱い湯を注ぎ、茶筅でかき混ぜて飲む方法なので、それまでの末茶より茶が細かくなければならない。そこで宋代に新しく登場した茶具が茶磨である。手の力で押して挽く茶碾と比較すると、茶磨は石臼の形態なので一定した強い圧力により茶が細かく挽けた。粉末が舞い上がるほど細かく挽けることが、この絵からも確認できる。卓の上にはい

調琴啜茗圖

撻茶圖　一部

備茶圖

くつかの茶具と一緒に茶筅が置かれている。卓の前に立った男は右手で茶瓶を持ち、左手で茶椀を持ったまま湯を注ごうとしている。おそらく、湯を注いで茶を茶筅でかき混ぜ、細かい泡がたつようにするのである。

　河北省で発見された遼代の張匡正の墓地壁画である「備茶圖」にも點茶法のための準備と、茶具の描写が正確に表現されている。茶托を持って茶を差し出す女とともに、地面に座って茶碾で茶を挽く男の姿が見られる。火炉の前の男は、火炉に茶瓶を載せて火をおこすために口から息を吹き込んでいる。卓の上には茶瓶と伏せて重ねた茶椀、そして茶匙、茶筅、茶ばさみが置いてある。現在の北京周辺地域である燕雲16州を治めた契丹人によって建国された遼は、早い時期から多くの漢人を統治圏に住まわせていた。したがって、茶を飲む習慣も自然と確立され、宋との貿易も活発だった。壁画に茶を準備する姿が描かれているのを見ても、茶の文化がすでに生活の中に根付いていたことがわかる。絵の中の男はすべて契丹人の特徴である辮髪であり、滑稽に見えたりもする。

　また、宋代の絵画では「闘茶圖」が注目に値する。劉松年・李唐・作者不詳の絵と元代の趙孟頫の模写本など、様々な闘茶図が残っている。中国で闘茶（茶くらべ）は文人の高尚な遊びでもあったが、庶民の間でも広く流行したことが確認できる。

　劉松年が残した何枚かの闘茶図にもやはり、たいてい庶民の姿が描かれている。台湾の台北故宮博物院が所蔵している「闘茶圖」1[13]は、初春の丘の頂上に立つ2本の巨木の下で、4人が闘茶を繰り広げている姿だ。絵の中の人物の身振りと手の動きは興に乗りながらも情熱的で、その熱気が伝わってくるようだ。アグレッシブな様子とともに楽しさにあふれる情景がうまく描写されている。道具の華やかな品揃えにも、贅を極めた余暇の一面を垣間見ることができる。

劉松年の「闘茶圖」1

作者不詳の鬪茶圖

盧同煎茶圖

茗園賭市圖

「鬪茶圖」2

五百羅漢図　一部

　劉松年の「闘茶圖」2[14]は、「闘茶圖」1より落ち着いた雰囲気を漂わせている。大きな松の木の下でやはり4人が闘茶をする姿だが、彼らの服装を見ると知識人や文人とは考えづらい。足首が見える下衣（ズボン）と上衣をたくしあげた服装は、「茗園賭市圖」[15]や作者不詳の「闘茶圖」[16]に見られる商人の服装と大きく違わない。相違点とすれば、移動する際に身軽なスタイルであるかないか程度だ。「茗園賭市圖」と作者不詳の「闘茶圖」では、ほとんどの茶具を両手で運べるように腰のあたりに結び付けている。一方、劉松年の「闘茶圖」では一箇所に茶具を設置する形態であることがわかる。移動が容易な茶具を取り揃えているというのは様々な茶くらべと販売を専門にしていたということであり、一箇所に茶具を設置しているというのはその独自の集いに意味があったということだ。すなわち、丘

を背景にして大きい松の木陰で開かれる、比較的品格の高い闘茶と解釈できる。よって身分も裕福な商人であるとか、茶園の主人である可能性が高い。

劉松年の「盧同煎茶図」[17]は、怪石と竹林の前で開かれる茶くらべの光景を描いたものだ。絵の中には介添えをするようにお膳を持つ人、火爐を焚きつける人、火の様子を見る人、茶を飲む人、點茶をする人など、様々な人物が登場している。あらゆる茶具を並べて楽しくエネルギッシュに闘茶をする姿から躍動感を感じる。この絵は自由奔放な人物描写はもちろんのこと、タイトルからも道教的な雰囲気が漂っている。

南宋代の明州の画家 周 季常 と林庭珪が描いた「五百羅漢図」[18]は、寺院で行われた大規模な茶礼がどのような様子だったのか推察できる。「五百羅漢図」は周季常と林庭珪が10年かけて完成した100幅の絵である。この絵は中国に来た日本の修行僧が日本に伝え、いくつかの寺を経て現在は京都の大徳寺に所蔵されている。27幅に、茶を注いで飲む姿が描かれている。

椅子に座っている僧侶の間に介添えをする童子が見える。童子は片手に茶瓶を持ち、もう一方の手には茶筅を持って立ち、茶を注いでかき混ぜている。絵に描かれているように、宋代の寺院では多様な茶礼が開かれ、多くの人が一緒に茶を飲んだことがわかる。僧侶が持っている赤く塗られた茶托に載った黒い茶杯は、白い茶の泡を最上級と考えた宋代の點茶法にもっとも調和する茶杯だ。

元代まで主流であった點茶法は明代に入ると消え、それ以降は泡茶法が主流となって今日に至る。泡茶法で茶を飲むようになると、茶具の種類が簡略化され茶壺が非常に重視される傾向が表れた。これが以前の時代とは違う点だといえるだろう。そしてこのような変化が絵画にも反映され、茶を飲む描写は一段と簡単になった。ま

茶具圖

　た、器皿画［静物画］にも茶壷が多く登場する。泡茶法を象徴的に
描いた器皿画の代表として、清代に馬元馭が描いた「茶具圖¹⁹」が挙
げられる。

　ひとつの蓋椀（蓋がある茶椀）と、重ねた２つの茶椀、そして茶壷
が描かれた簡単な器皿画だが、現代的な雰囲気が感じられるほど、
洗練された作品である。明・清代の人々は茶の味と色、香りを十分
に楽しむためには茶壷が小さい方が良いとした。そこから「壺小宜
茶」という言葉が広く知れ渡る。小ぶりで深さがない茶壷が茶に適
合しているということだが、まさにこの絵の茶壷がそんな形をして

いる。

　明代の文 徴 明は、蘇州地域で影響力を持つ文人画家だった。山
水と文人生活を主題にした作品を多く残したが、そのほかに茶画も
何点か残っている。彼の茶画もまた、明代の文人の高尚で物静かな
田舎暮らしを背景としている。そのなかで「茶具十咏圖」[20]は、茶
の品評会に参加できなかった未練を絵と詩で表現した作品だ。絵の
中の背景は彼の「茶事圖」、「品茶圖」[22]と同じ場所である。「茶事圖」
と「茶具十咏圖」は1534年に、「品茶圖」は1531年に描かれたも
のだ。3作品の構図と視線を比較してみると非常におもしろく、特
に同じ年に描かれた2作品からは、背景を望む視線が興味をひく。

　「茶事圖」と「品茶圖」には客とともにいる姿、さらに家の前の
小川を渡って来た、また別の客まで描写されている。一方、「茶具
十咏圖」にはひとりで茶を飲む姿だけが描かれている。この絵は、
文徴明が1534年の穀雨の3日前、蘇州で行われた茶の品評会に参
加できなくなったことを惜しみつつ、友人が送ってくれた茶を沸か
して飲みながら寂しい生活をしている自分の姿を描いたものだ。絵
の上方には唐代の陸龜蒙と皮日休が唱和したことで有名な「茶具
十咏」の詩題10種（茶塢、茶人、茶筍、茶籝、茶舍、茶竈、茶焙、茶鼎、
茶甌、煮茶）による詩が書かれている。この詩が「茶事圖」の上方
にも同じように書かれているのを見ると、「茶事圖」は品評会に参
加できなかった文徴明に、何種類かの茶を持ってきてくれた友人た
ちの姿を描写したもので、「茶具十咏圖」は、その茶をひとり楽し
む文徴明自身を描写したものであるようだ。

　明代の知識人の姿とは、まさにこのとおりであったのだろう。孤
高で世離れした文士の姿だ。ひっそりとしていてゆとりのある山居
のイメージが士人の孤高な精神を象徴しているようだ。このような
「世離れ」と「山居」のイメージは日本と韓国にも見られる。

茶事圖　　　　　　　　　茶具十咏圖

品茶圖

女性の日常生活を描いた絵は比較的少ないが、明代の黄巻の「嬉春圖[23]」と清代の楊晉の「豪家佚樂圖[24]」には、上流階級の女性の余暇と社交生活の一面を垣間見ることができる。「嬉春圖」は、うららかな春の日に、麗しい娘たちのグループが楼閣や湖、芭蕉の陰で春の趣を感じながら遊ぶ情景が描かれている。彼女らは郊外に遊びにきて談笑したり舟遊びをし、様々な楽器を奏でながら楽しいひと時をすごすなかで、皆茶を飲んでいる。

　楊晉の「豪家佚樂圖」は四季折々の富裕層の家の、日常的な夏の様子が描かれていて、夏の場面には茶を飲みながら余暇をすごす姿が描かれている。２人の貴婦人と子どもが、庭園で４人の侍女の介添えで茶を飲んで、談笑しながらひと時をすごしている。子どもは卓の前方の庭で団扇を持って蝶を追いかけながら遊んでいる。纏足した女性の足も目をひく。人々がいる場所は竹やぶで囲まれているが、垣根があるのを見ると、江南地域の恵まれた個人庭園にも見える。卓の上には本と巻物、茶壷２個、そして茶杯が置かれている。

豪家佚樂圖　一部

嬉春圖　一部

韓国　絵画のなかの茶

　高麗と朝鮮時代の茶画には大きな違いがある。作品数は少ないが高麗の茶画が写実画に近いものであるとしたら、朝鮮の茶画は写実的描写より、簡略化されて象徴的な表現がより強調されているといえる。朝鮮時代後期になると、そういった性格がより強く表れる。

　韓国の茶文化の記録のなかでもっとも古いものは三国時代まで遡るが、絵画作品としては高麗時代のものがもっとも古い。「高士自娯圖」[25]、「高士囲碁図」[26]、「高士午睡圖」[27]はすべて高麗時代の茶画で、この３作品を見ると高麗人たちがどのような茶具を使い、どのように茶を飲んでいたのかがわかる。

　まず、「高士自娯圖」の下部には、茶の準備をする姿がある。卓の上に置いた茶具から推察すると、茶を沸かしていることがわかる。卓の左下には茶碾があり、風爐の上には點茶をするのに適した形の茶瓶が置かれている。赤い漆器の茶托が積まれていて、茶筅も確認できる。高麗時代は宋代と同様に、末茶を茶筅でかき混ぜて飲む點茶法が格式ある茶の飲み方だった。

　「高士圍碁圖」は、杯に蓋のある蓋椀が描かれているのが特徴だ。碁を打ちながら茶を飲むのは、当時の宋と遼でも流行した風流のひとつであり、また茶店の風景のひとつでもあった。「高士午睡圖」は、高麗柳の下で文士が両手で顎を支えて座り、昼寝をしている。文士は縁台に前かがみでよりかかっていて、縁台には食べ物用の皿と茶を沸かすやかんが置いてある。そして左側の下方、石が連なっている所に風爐が見える。

　朝鮮の茶画は残念なことに初期の作品は残されておらず、16世紀以降のものしかない。16世紀の茶画としては、成宗（ソンジョン）の子孫である（玄孫）李慶胤（イギョンユン）の「山水人物圖」[28]と「觀月圖」[29]がある。「山水人

高士自娛圖

高士囲碁図

高士午睡圖

物圖」には壮大な山水を背景に朝鮮王朝時代の紅色と青色の礼服を着た2人の文士と、彼らのお供をする2人の童子が登場する。絵と関連して語り継がれたものはないので、こう想像してみる。切り立った絶壁の道の片側の平らな岩に、青色の礼服を着た文士が座って友を待ちながら童子に茶を沸かさせているところに、紅い礼服を着た文士がお供の童子を連れて、たった今到着したばかり、という図ではないだろうか。絵の右側を見ると、木の陰の下で童子が火爐の前に座り、その横を白い鶴が通りすぎようとしている。みな隠逸閑居した文士を象徴するものだ。

　「觀月圖」は「月下彈琴圖」とも称される。月光がさすおぼろげな雰囲気が一面に満ちている。月光の下で琴を弾く文士と、そのうしろで茶を煎じる童子も背を見せたまま月を眺めている。李慶胤は文士の髭まで精密に描いたが、琴の弦は描かなかった。弦がない琴を弾きながら、ひとり楽しむ文士の月夜の風流がうかがえるのと同時に、火爐の前に座っているぼさぼさ頭の童子の丸まった背中がなぜか痛ましく感じる。

　朝鮮の茶画の多くは18世紀末から19世紀初めの作品である。86作品のうち18作品を除いた作品（79%）が、すべてこの時期に描かれている[30]。だからといってこの時代の人々が茶に関心が高かったわけではない。その理由は絵を見ればわかる。まず、李上佐の「群賢煮茗圖[31]」を見ると、朝鮮茶画において茶が意味するものが何かがわかる。「群賢煮茗圖」は6人の文士が茶を飲むために集まった場面を描いたものである。6人の文士は、それぞれ違う姿勢で座ったり立ったりしているが、散漫ではなく安定した構図になっている。すべての文士の視線を風爐の上の茶瓶に向けたのは、かなり意図的と解釈できる。このような視線の作用は、絵の安定感を高めてくれると同時に、絵の中の茶の意味もさらに象徴的に見せている。つま

觀月圖

山水人物圖

り、ここでも茶は、隠逸閑居した文士を代弁するものである。

　写実画より象徴性が高い朝鮮茶画の特徴がよくわかる絵として、金弘道の「蕉園試茗圖」と李寅文の「仙童煎茶圖」がある。この２作品にはともに茶童と鹿が描かれている。金弘道の「蕉園試茗圖」は、一本の芭蕉を中央に置いて画面を左右に分けている。右側には茶童が横向きに座って茶を沸かし、左側には茶卓のうしろに角の生えた鹿が座っている。これは、茶を飲みながら追求した神仙思想を形象化したものである。芭蕉もまた、文士の悠々自適な暮らしを象徴している。このような構成からみると、この絵は写実画ではなく、文士の暮らしや清廉な生活などを象徴的に描いたものであるといえる。

　李寅文の「仙童煎茶圖」には、老いた松の下でぼさぼさ頭の童子が火を焚き付けながら茶を沸かしていて、童子のうしろに大きな鹿がうずくまっているのが見える。不老長寿を象徴する老松の陰でぽつぽつとキノコが生えているのも、鹿とともに平穏でありながらも縁起がいい気配を醸し出す。老松のうしろには滝までもが静かに流れ落ちていて、まるで地上の神仙世界を垣間見るようだ。左側には「おまえと鹿がともに眠りにつけば、薬を煎じる不祥の時を越えられるであろう」という良齋　洪儀泳の題詞がしたためてある。

　このように写実性より象徴性の強い作品が多いのが、朝鮮後期の茶画の特徴である。ゆえに、火爐の前に座っている茶童がしばしば登場する朝鮮の茶画は、茶を飲む風俗の流行を反映したというより、文人の品格と文士の精神を表現するためのものとして見なければならない。写実的な表現よりは、象徴的な表現の意味がより大きいのである。よって「茶を沸かす火爐の前に座る茶童」という画一的な姿が、画風にしばしばこめられていることも、おかしなことではない。

群賢煮茗圖

蕉園試茗圖

仙童煎茶圖

日本　絵画のなかの茶

　中国宋代の點茶法が受け継がれた日本は、中国で末茶を飲む流行
が廃れたあとも、抹茶を飲む伝統が続き、今日まで及んでいる。そ
れらを示す様子が絵画にも多く描かれている。また、抹茶のほかに
も葉茶を飲んでいたということも確認できる。茶を嗜んでいること
がわかる絵が多く、さらに茶を飲むときの具体的な動作と茶具を確
認できる写実画も多く残っている。江戸時代（1603 ～ 1867）に、庶
民生活を基にして発展した浮世絵という木版の風俗画が流行したの
も要因のひとつである。

　鎌倉時代（1185 ～ 1333）の絵としては「不動利益縁起絵巻」[34]があ
り、僧侶の生活空間でも茶を飲んでいる姿が描かれている。日本式
の木造建築物が描かれていて、右側上部の部屋の中には病に伏して
いる高僧が稚児に看病をしてもらいながら横たわっている。そし
て、その前方の空間に何人かの僧侶が座っている。炉のそばには青
磁らしき茶椀が、左側の棚の上には漆器らしき茶托が置かれてい
る。このような茶具は、宋代の點茶文化において見られるものであ
る。

　江戸時代の「春秋遊楽図」[35]は、茶室で僧侶と武士が集まって座
り、茶の集いの風景を描いたものだ。炉のそばに茶椀が置かれてい
て茶筅が立ててあるのがわかる。右側の空間は茶室の隣にある水屋
と思われるが、そこではひとりの僧侶が石の茶磨で茶葉を挽いてい
る。茶室に入る前の武士は、長い刀を腰に差したまま蹲踞で手と口
を清めている。

　浮世絵（江戸時代に発展した日本の風俗画）の先駆者と呼ばれる菱川
師宣の「歌舞伎図屏風」[36]は、17 世紀の都市の生活の一面を垣間見

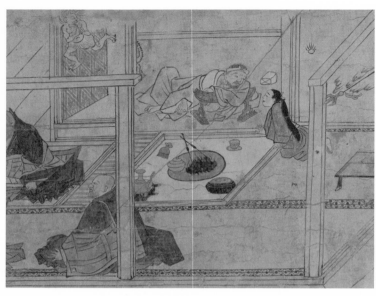

不動利益縁起絵巻
春秋遊楽図

歌舞伎図屏風　一部

られる絵である。当時の都市には、過去に貴族と上級武士が独占し
ていた知識や物、余暇活動などが庶民にも提供される環境が作られ
ていた。絵も大衆化の流れのなかで風俗画が流行した。「はかない
世の中」を意味する浮世という言葉のとおり、浮世絵は世俗的で大
衆的な主題の木版画が主流である「はかない世の中の絵」だ。

　都市の武士と町人（主に商人と手工業者）が都市文化の重要な受益
者となりながら、彼らは財力の程度によって様々な余暇活動を楽し
んだ。その場所は主に歌舞伎劇場と遊郭であった。六曲に描かれた
「歌舞伎図屏風」は遊郭とその横にある歌舞伎が行われる劇場の舞
台裏の姿を描いたものである。芸妓を連れてのんびりと時間をすご
す客、その横には劇場で舞台の準備をする俳優の姿が多彩に描写さ
れている。

　第一扇の上部には、四角い台子に備えられた茶具の前で茶を点て
る僧侶の姿がある。この僧侶が稽古中の俳優なのか、俳優に茶を出

歌舞伎図屏風

楽志論図巻

茶の湯
鍵屋お仙

二十四孝　郭巨

そうとしているのかはわからない。だが、遊郭と劇場を背景とした絵に、茶を点てる僧侶が描かれているのは日・中・韓の茶画のうち日本のものだけである。遊郭のような遊興施設で茶を飲むことは中国宋代の都市でもよくあったが、絵画作品に仔細に残っているものはない。これは浮世絵という絵画のひとつの形式を築いた、日本絵画の発展と密接な関連があるといえる。

18世紀の文人画家池大雅（いけのたいが）の「楽志論図巻」[37]（1750）は、中国のある書物を主題にした中国風の独特な絵だ。後漢の仲長統（ちゅうちょうとう）が書いた『樂志論』（らくし）を主題とし、乱れた世相を慨嘆して平和を賛美する隠遁者の生活を描写した。このように隠逸した文人の生活を主題としたものは、日・中・韓の絵画に共通して見られる。

先に言及したとおり、江戸時代には庶民の生活を主題とした浮世絵が流行し、生活文化資料になるほど多くの絵が描かれた。浮世絵を見ると、当時の人々が抹茶と葉茶を嗜んでいたことがわかる。とくに鈴木晴信と磯田湖龍齋（いそだこりゅうさい）の絵によく見られる。彼らは格式や地位、財力を誇示するような席では千利休（1522〜1591）が確立した茶道に従って、さまざまな茶具を取り揃えて抹茶を飲み、経済的で気楽な席では葉茶を好んだ。「茶の湯」[38]と「二十四孝　郭巨（にじゅうしこう　かくきょ）」[39]には、日本の茶道に必要な茶具が細かく描かれている。風炉釜で湯を沸かして湯気が立ち上っているところに、女性が木でできた柄杓をかざしている。炉のまわりには茶椀、茶筅、棗（なつめ）（抹茶を入れる容器）と茶杓、水指（みずさし）（水をいれる容器）が置かれている。一方、江戸時代の三大美人のひとりであるお仙の茶店を主題とした「鍵屋お仙」[40]には、風炉釜と茶椀、柄杓のほかには特に茶具が見られない。

茶遊びと
茶の
空間

闘茶

　日・中・韓各国の闘茶（茶くらべ）は、始まった時期はもちろん
のこと、その内容と雰囲気もまったく違う。中国においての闘茶
は、茶の品質を高めるための競い合いとして始まったのだが、唐・
宋代になると格式高い教養徳目［徳を分類した細目。儒教での仁・義・
忠・孝など、昔からの道徳の基本とされるもの］として位置づけられた。
また、韓国では茶を沸かし、物腰と礼節を窺う程度であった。そし
て日本では武士の盛大な集いだった。それは、景品を賭けてどれが
栂尾茶かを当てる遊びで、酒宴も併せて開かれる賑やかでぜいた
くなものであった。
　闘茶は中国から始まったもので、基本的に生産地で行われた茶の
品質をめぐって繰り広げられる競い合いだった。これはじきに地

域の祭りとして発展し、教養人の格式高い趣味として盛んになり、唐・宋代の時期に大流行した。唐代の代表的な茶の生産地であった湖州と常州の闘茶の様子を見てみよう。

　湖州長興縣と常州宜興縣は隣接した代表的な紫筍茶（しじゅんちゃ）の生産地だ。ここでは毎年早春に新茶を作ると「茶山境會」を開き、茶の優劣をつけた。茶山境會は地域の祭りでもあったのだが、周辺地域の官吏まで招待して伝統音楽と舞踊公演も繰り広げられるなど、楽しい遊びの場でもあった。白居易の「常州の賈刺史（し）と湖州の崔刺史が茶山境會を開くという知らせを聞き、楽しい宴を羨みながらこの詩を寄せる〈夜聞賈常州崔湖州茶山境會想羨歡宴因寄比詩〉[41]」という詩には、当時の茶山境會の雰囲気がわかりやすく描写されている。

> 遠くから聞こえてくる茶山の夜に二つの地域の集いのしらせ
> 華やかで陽気な演奏と歌声は全身を包み
> 膳に盛られた二つの村の茶は分けられていて
> 灯の前にひとつの家族のように集まり新茶を味わっている
> かわいらしい娘たちは代わる代わる踊りながら才色を衒い（てら）
> 紫筍茶を慎重に味わいながら新茶の味の優劣を競っている
> 花咲く春の日、北側の窓の下でため息をつく
> 蒲黄酒（ほおうしゅ）をそばに置き、病臥する我を

　この詩は 826 年、茶山境會の準備をする常州刺史賈餗と湖州刺史崔玄亮に送った蘇州刺史白居易の祝詩である。落馬して床に伏しているので、盛大な茶山境會に参加できない白居易の無念さが色濃くにじみ出ている。おそらく、以前参加した茶山境會を思い返しながら祝詩を寄せたのであろう。毎年湖州と常州で開催される茶山境會は、新茶の生産を祝う場でもあり、湖州と常州の茶の競演の場でも

あった。

　湖州の紫筍茶と常州の陽羨茶（ようせんちゃ）は、唐代最高を自負する茶だった。たとえ陸羽が『茶経』で地域ごとの茶を品評して、浙西地域では湖州の茶が上品で常州の茶はその次だとしていたとしても、それを絶対的な基準とするわけにはいかない。この２つの地域は皇帝に捧げる茶を生産しながら毎年開催される茶山境會によって品質向上を成し遂げていた。

　茶の栽培地域を中心に発展した闘茶は、宋代になると文人の余暇生活と教養徳目のひとつとなった。闘茶は、茶を鑑別して挽くことから茶具を扱う方法、水についての理解、茶の泡を上手に作り上げる技術にいたるまで総体的な熟練が要求された。特に徽宗の『大觀茶論』で示された「七湯點茶法」は、１〜２分の短い時間内に７回に分けて湯を注いで茶を点てる方法であり、要求される技術が「心から楽しむことができない」という表現が合うほどの精密さだった。

　一般的には闘茶をする段階ごとにその過程を楽しみ、茶に対する鑑識力を高めるために努力する。湯瓶で沸かす水は聴覚で見当をつける。羅大経（ら　たいけい）がいうところの「松風檜雨」、すなわち松林を吹く風の音とチョウセンモミに雨粒が落ちる音が聞こえたら、湯が沸いたという信号だ。松風檜雨が聞こえたら湯瓶を火爐からおろして音が鎮まるのを待った。「攆茶圖」と「備茶圖」に見られるように、湯瓶の長い注ぎ口は茶杯に注ぐのに都合のいい形だった。

　茶杯に沸かした湯を注いで茶筅で茶を混ぜ、湯花［湯が沸騰するときにわきたつ泡］を立たせる。このとき競う内容は湯花の色と光沢、均一性などだ。茶杯の内側の縁と湯花が接触する場所に茶の跡ができているかどうかが勝敗を決める決定的な要素だった。すなわち湯花がすぐに散って相手方より先に茶の跡がついていたら負けということだ。最終的には茶の色と香り、味が優秀であるという品評を得

られれば完全に勝利したといえる。

　文人の教養であり趣味としての闘茶は、贅を極めた遊びにほかならなかった。友人の蔣夔が送ってくれた建渓茶に答えた蘇軾の詩「蔣夔が送ってくれた茶に寄せて〈和蔣夔寄茶〉」[42]から、闘茶の一面を垣間見ることができる。

> 友がいまだに昔ながらの私を思い
> 私の好みは以前と変わっていないであろうと
> 沙渓茶と北苑茶をあえて分け
> どちらが先に泡が静まるか競おうと
> 清らかな2編の詩とともに千里の彼方から送ってくれた
> 甘く貴重な百餅の茶に一万銭をも使わせてしまった
> 詩を吟じることも茶を飲むのも、どちらもすばらしくて
> なくなってしまうのではないか、くれと言われるのではないかと心
> 配してしっかり束ねておいたのだが
> 年老いた妻と子どもらがせっかくの茶を大切にすることを知らずに
> 生姜を入れ、塩を入れ、もう半分も残っていない

　この詩は「私の人生はすべて縁に従い、水であろうと地であろうと楽な場所はない」で始まり、「あなたは厳しい境遇に置かれても自棄することがないのを知り、感謝の詩を送りつつともに心に刻みつけましょう」と結んでいる。蘇軾は茶も嗜んでいたが、1074年に山東に移ってからは山東の粟飯と酸味のあるしょうゆや味噌も好んで味わっていた。そんなところに送られてきた建渓茶はありがたくもあり、友の経済状態が心配でもあった。当時は蘇軾の年老いた妻が飲んだ方法のように、生姜と塩を入れ、大量に沸かして飲む廉価な茶もあったが、文人が楽しむ闘茶に使われた茶は、沙渓茶や北

苑茶のような高価な茶だった。そんな高価な茶を見分ける目もない
のに、生姜と塩を入れて沸かし、半量も飲んでしまった妻がかわい
いはずがない。

文学のなかの茶

　茶は、人々が暮らしのなかで味わう様々な感情を投影し、表現す
る上での口実にもなった。多くの文学作品で、人々は茶を通して愛
情や友情など、あらゆる喜怒哀楽を表現した。茶を賛美もし、茶を
通して、気持ちや感情を表現するなど、時代を越えて人々の思いが
文学作品のなかに溶けこんでいる。
　『嬌女詩』は最初の茶詩とされている。この詩には、わが子への
愛情あふれる３世紀の父親の姿が浮かび上がる。娘がかわいくて仕
方がない父親は、昔も今もどこにでもいる。左思の作品『嬌女詩』
を読むと、やんちゃな幼い娘がただだだかわいい父の思いがあふれ
ている。『嬌女詩』は多くの中国の詩のなかで、茶を題材とした最
初のもので、美しい女性を賛美する詩としても原初のものである。
　左思は『嬌女詩』で、１０代になったばかりの２人の娘に対する
愛情を切々と表現する。「わが家に美しい娘がいるのだが、色白の
顔が月光のようにまぶしい」で始まる56句の長い詩で、左思は幼
い娘たちが楽しく遊ぶ姿を描写しながら、彼女たちの顔立ちはもち
ろんのこと、行動や趣向、そして聡明さが満ちあふれている様子に
いたるまで、間断なく自慢する言葉をならべ、娘への愛情を包み隠
さずさらけ出している。
　『嬌女詩』が茶を題材として詠まれた詩であると評されるのは
「茶が飲みたくてたまらず、釜にむかってふうふうと火を吹いてい
る」という句があるためだ。家の内外を飛びまわって楽しそうに遊

んでいた娘たちが、早く茶を飲みたいばかりに炉の前にしゃがみこんで湯が沸くのを待ち侘びる姿を愛おしい視線で表現した。

　左思は西晋の有名な詩人で、臨淄［現　山東省］の出身。「洛陽の紙価を高からしむ（洛陽紙貴[43]）」という故事の由来となる逸話があるほど文筆家として有名だった。彼の活動地域は主に山東と河北、河南だった。３世紀にすでに、チャノキが育たない地域までも、上流社会に該当する一部の家では茶を飲んでいたことがわかる。また茶が大人だけが飲むものではなく家族全員が楽しむ、子どもも飲むものであったことがわかる。

　茶を詩題にした返答詩で深い友情を交わした人々もいた。春秋時代の管仲と鮑叔、唐代の皮日休と陸龜蒙らだ。彼らの友情は人々にとって羨望の的となった。管仲と鮑叔は、「管鮑之 交 」という言葉が後世に伝わるほど、皮日休と陸龜蒙は「皮陸」と呼ばれるほどに親しかった。彼らは相手の言葉に詩で返しながら生涯親しく交流し、それらの返答詩は『松 陵 集』10巻にまとめられて今日まで伝えられている。茶を主題として皮日休が「茶中雑咏」を詠むと、陸龜蒙が「奉和茶具十咏」を詠んだ。皮日休と陸龜蒙の返答詩で茶具の範囲は道具を超えて場所や人にまで拡大される。ふたりは茶塢（茶の村）、茶人、茶筍（茶の芽）、茶籯（茶を入れる籠）、茶舍、茶竈、茶焙、茶鼎、茶甌（茶の鉢）、煮茶を主題として詩をやり取りした。チャノキを植えた村と茶葉を摘み取る人まで、茶具の範囲としたのである。茶と道具という囲いを壊し、空間と人にまで広げて茶具を自然自体に昇華させたと読みとれる。

　最初の詩題である茶塢で皮日休は「茶を植えた村では夏になると、白い茶の花が白い雨のように舞い散る」と、その美しい情景を詠んだ。これはまるで故郷の甫裏で茶園を運営しながら茶にのめりこんだ陸龜蒙の生活を美しく表現しているようだ。これに対して陸

亀蒙は「どこにいても、岩だらけの所から運ばれてきた、朝露に濡れた春の茶を堪能する」と答えた。ひとりが、友人の住む、チャノキが生い茂る夏に白い茶の花が白い雨となって降り注ぐ美しい場所を恋しがり、そこに住む友人は、深い山奥の岩の合間から落ちる、春の日の朝露に濡れて育った茶葉で友人を迎える準備をする。故郷のように感じる友人の懐だ。ふたりはこうして美しい詩をともに分かち合いながら生涯にかけて友情をはぐくんだ。

　恋の詩は文学に欠かせない要素だ。男女の愛は時代を超越する詩題である。愛情に満ちあふれたときの心と行動は、時代が違っても大きく変わらない。唐代の詩人崔珏（さいかく）が書いた「美人に茶を味あわせる〈美人嘗茶行〉」44を読むと愛する女性に茶を飲ませようとする男性の行動が描写されているのだが、最近の男性と比べてみてもたいして違わない。

　　雲のような髪が枕に埋もれ、けだるい春のように眠りに落ちている
　　旦那様は末茶をきれいに挽いている
　　こっそりとオウムに窓をこつこつとつつかせて
　　麗しい人を深い眠りから目覚めさせた
　　銀瓶の泉水ひとすくい
　　松林を風が吹き抜け、檜の森に雨が落ちる音が聞こえると茶の乳花が熟れる

　　ユスラウメのような唇でふわふわとした緑の茶を啜るとき
　　喉に香りが広がると　さわやかな美しい顔立ち
　　輝く瞳を少しずつあけると　秋水で潤んでいるかのよう
　　琴をじっくり見ていると　ある思いが頭をもたげる
　　卓の前に座り、琴を押しのけて

なにも語らず物思いに耽る、夢のなかのできごとを

　一方、宋代の詩人陸游は哀切を極めた恋詩を残した。彼の詩「茶を味わって〈試茶〉」は、別れた妻を忘れられない心情が満ちあふれている。

　　鷹の爪のような緑の茶葉が思いがけずに芽吹いたので
　　湯を沸かし白玉のように浮きあがる茶湯を味わう
　　眠気を百里より遠くに追いはらい
　　酒は名すらも思い出せない
　　火で温められた日鑄茶が香り、昔の記憶に浸る
　　谷の湧き水で茶を味わうために山に行ったことを思い出す
　　銀の瓶と銅の臼もちゃんとそろっていたっけ
　　なんと切ないことか、鉢にかぼそい手を添えていたあの方

　妻とともに茶を飲みながら楽しく過ごした時間が、詩に表現されている。紹興の會稽山日鑄令に漂う日鑄茶の香りにも妻との記憶が思い出される。茶を銅の臼で挽き、銀製の茶瓶で湯を沸かして茶を淹れ、手をそえて茶を勧める妻の姿を恋しがりながら、たやすく忘れられない思いを吐露している。
　夫を恋しがる妻の心情も茶の姿を借りて記録された。近代以前の女性の暮らしは限界があったために女性の文章は比較的多くはないが、李清照の文は中国の文学史で確固たるポジションに置かれている。彼女は名家で生まれ、恵まれた教育環境の中で成長した。高い文学的資質を持つ彼女は早くから頭角を現し、自称易安居士と名乗った。彼女の夫である趙明誠は金石学者で、彼が李清照の才能を妬んだことはなく、ふたりは同じ考えを持つ同志愛に満ちた夫婦

だった。趙明誠の本『金石録』（1132）に「後序[45]」を書いたのも李清照だった。ここには彼ら夫婦が金石と書画を収集しながらともに楽しんだ日常の幸せが次のように描写されている。

　　食事がすむといつも帰来堂に座ってお茶を淹れ、夫と賭けをして茶を飲んだりした。うず高く積み上げられた本を指さして「あれは、どの本の何巻の何葉何行目にあった」かを当てるのだった。当たりかどうかで、お茶を飲む順番を決めたりしたのだ。当たれば茶杯を持ったまま大笑いしながらお茶を飲み、間違えるとお茶を飲めずに立ち上がった。

　趙明誠は碑文を買ったり書物や骨董品を購入するために、服を質に入れたり持ち金をすべて使い果たす人だった。李清照もやはり、高価な装飾品などよりは書物や金石文（きんせきぶん）などを収集することを楽しんでいた。また、関連した知識を競い合いながら遊ぶのが、彼ら夫婦の日常の楽しみだった。だが、李清照は戦乱のなかで夫を亡くし、異郷の地で孤独な晩年を送った。彼女の詩「鷓鴣天（しゃこてん）[46]」からこのような内容を読み取ることができる。「鷓鴣天」は、彼女が北宋の滅亡で故郷を離れて江南に下ってきてから書いた作品である。酒と茶を飲みながら風流を楽しんでいるようだが、寂しい異郷での暮らしと故郷への恋しさが色濃くにじんでいる。

　　凍てつくように寒い日は冷たい風が吹きすさぶから、窓を閉めてかんぬきをかけ
　　桐の木に霜がおりる夜、おそらく恨んでいることだろう
　　酒席のあとの團茶のほろ苦さがいっそう喜ばしく
　　夢から覚めてみると、龍脳の香りがむしろ心地よい

秋は暮れ行き、それでもまだ日が長く感じられる

仲宣王は故郷に思いを馳せ、より悲しみを深くしたと伝え聞く

分相応に酒飲みの前で酔う方がましだ

東の垣根の黄色い菊花を絶やさないようにしなければならない

すべての場所が茶の空間

　茶を飲むのに適した場所が、すなわち茶の空間だ。松風の吹く林もそうであり、ひっそりとした泉のほとりも、眺めがいい岩の上も、静かな洞窟の中も茶を飲むのに適した場所である。開けた空間であろうと塞がれた空間であろうと、自然と同化できて清らかで静かなところであれば、なにもはばからずに茶を楽しめる。

　陸羽の『茶経』にも森、水辺、洞窟など、どこでも簡略化した茶具をそろえて気軽に楽しめと言っている。だが、都会の室内空間で茶を飲むなら、すべての茶具を取り揃えるようにとあるように、茶は厳格な形式を守ることで完成するとも思わせる。これは当時、茶が単に渇きを解消する飲み物というだけでなく、鑑賞することや心の素養を深めることなどを追求する媒体であったことを意味する。陸羽は特に茶の空間を提示することはなかったが、絹本4〜6幅に『茶経』の内容を書き記して茶を飲む空間の一方に掛けておき、茶のことを考えながら飲むようにとした。これは、茶を飲む過程がけっして容易ではないということを意味している。

　風流を楽しむ茶人は自然を鑑賞しながら茶を飲むことを好んだ。だからひっそりとして静かな田舎暮らしにこだわりもしたし、風光明媚な場所を探しもした。江陵の寒松亭もそんな場所だった。寒松亭は新羅の仙郎（花郎）が遊ぶ場所だったという伝説まであるほどの名勝地だったが、12世紀以前にすでに茶亭としては凋落した

状態だった。高麗の金克己は、「寒松亭」という詩を詠み、「ここが４人の仙郎が遊んだ所、今もその形跡があることが不思議だ。酒を飲んでいた場所は傾いて森の中に埋もれ、茶を沸かしていたかまどは苔に覆われたままそのあたりにころがっている」と残念に思った。

寒松亭はその地域の人々によって撤去された。あまりにも多くの行楽客が押し寄せてきたためだ。村の人にとって寒松亭は、官吏や身分が高い行楽客が来ると世話をしなければならない場所とされていた。大勢の人がともに楽しめないなら、衰退していくのは自然な流れだ。

茶を飲む空間は茶を完成させる空間、素養の空間だったが、一方で休息と社交の場でもあった。休息と社交のために訪れる茶の空間はたいてい事業施設だった。中国ではそのような茶の空間の名称として茶寮、茶室、茶肆、茶房、茶樓、茶攤、茶館などが使われた。茶が生活文化に溶けこんでいた地域では、道ごとに規模や造りの多様な茶店が立ち並んでいたりした。通りがかりに手軽に飲める露店をはじめとして、豪華な飾りつけをした大きな茶店にいたるまで、茶を飲む人が多様なだけに茶店の姿も多彩だった。

茶室、その虚構の美学

日本は儀礼を重視する独特の茶空間を確立した。まさに田舎の小さい茅葺屋根の家のような形態の茶室だ。丁酉の乱〔1597年、慶長の役〕が起きた時、日本に捕虜として連れていかれ、1600年4月に帰国した姜沆が残した「承政院に詣で王に捧げる辞〈詣承政院啓辭〉」のなかで日本の茶室について、次のような内容が記述されている。

宮室の後苑には松や竹、珍しい花、玉のように美しい草が見渡す限り植えられていた。どんなに遠方にある植物だとしてもすべてそこに持ってきたものだ。そのような場所に茶室を造る。茶室の大きさは舟ぐらいである。萱で屋根を組みあげ、壁は黄土を塗りつける。扉には竹の扇骨を横向きに掛ける。極端に質素に造ったあと、やっと人が通れる程度の穴をこしらえる。上客が来るとその穴を開けて迎え入れ、その中で茶を飲む。たいてい彼らの本心は、人々に素朴で質素なものを見せようというだけでなく、茶を飲みながら談笑しているうちにいきなりもめごとが起きることがあるため、配下の者を隔離して変事が起こることを防止しようというものだという。

　姜沆は日本の茶室を正確に説明している。日本の草庵茶室は「市中山居」と表現されるように、素朴で自然な空間であるように見えるが、実際は徹底して管理された人為的な空間だ。このように徹底した二重の姿が日本の草庵茶室が持つ特徴である。また、その人為的な自然を実際よりさらに本物のように認識させる「虚構の説得力」という妙な威力を発揮するのが、日本の茶室と茶道が持つ魅力だ。これは日本の茶室が、東洋の茶文化の根底に組み敷かれている現実から抜け出そうとする心理の凝集を実践する空間だからだろう。
　茶を飲む空間の独立的形態が強く表れているのが日本の茶文化の特徴である。日本で茶室という特定の空間が確立されたのは、単純に茶を飲むという行為だけではなく、それを通して政治的・社会的・文化的な意味が加わることで可能となった。武家時代に、上級武士が茶室を所有しようとしたことは、単純に個人の趣味の問題に限られるものではなかった。姜沆の文章でもわかるとおり、茶室の中で成立する行為と関係は統治に大きな影響を及ぼした。

日本で草庵茶室と称される茶室が確立された過程は、武家文化の確立と同じ流れの中にある。貴族文化を踏襲し、広く華やかな空間で派手に闘茶を楽しんだことから、禅文化を基底に立て直された茶室によって武家社会の統治方式が凝集される姿を、茶室の空間から見つけられる。

　日本の茶室は、武家屋敷への書院造の導入とともに確立された。もともと書院は僧侶の書斎を指すのだが、武士の家にこの様式が用いられると、床の間（絵や文字が書かれた掛け軸、花などで飾られた空間）、違い棚（壁に設置された作り付けの棚）、付書院（机の機能を持つ、縁側に張り出した棚）などを設置するようになった。

　接客空間が重視され、絵を掛けて装飾することが流行したのだが、その装飾空間が床の間だった。床の間は３面に囲まれた空間のひとつの壁に絵を掛け、その下方に花瓶や香炉を置くというふうにして飾られた。床の間の横、日差しがよく当たる方向には窓とともに付書院が設置された。本来、付書院は窓の前に段差を設けて机の機能を持たせるために造ったものだった。また、装飾品や骨董品の陳列と保管のための空間である違い棚と、押し入れや茶箪笥などを置いた。そういう場所に高価な茶具を陳列することで、財力と教養水準を表現した。このような装飾とともに、畳敷きの接待空間である座敷が造りあげられた。このようにして中国の禅院の立式茶礼が、日本の座って行う茶道に変化していった。

　日本の茶室は書院茶室から草庵茶室に発展した。書院式と草庵式を区別する基準のひとつは、畳（180 × 90cm）四畳半の大きさだ。この基準を作ったのは村田珠光だ。広い空間で開かれていた武士の茶会は、畳四畳半の大きさの書斎空間へと置きかわった。最初の独立した専用茶室は銀閣寺東求堂の同仁斎だ。書院から僧侶が使用していた書斎の機能性をそのまま移して同仁斎を建てた。四畳半の畳

が敷かれていて、片側の壁面に違い棚と付書院が設けられていた。違い棚と付書院は、もともと本や文具類を整理する空間であると同時に、机として使った。これが茶室に設置されると、本来の機能は消えて装飾空間となった。

　草庵茶室では、装飾的な機能は床の間の壁面のみで成され、大きい窓を造らなかったために付書院はなくなった。違い棚も草庵茶室の象徴と釣り合わなかった。茶室の内部を簡便に作り、象徴性を高める効果を極端に高めた。草庵茶室は、外部の世界との断絶と自然への順応という空間的象徴のために、狭い出入口と最小規模の窓で構成された。床の間は極度に統制された美から見た自然回帰という象徴性を目にできる空間となった。それゆえに、装飾は一幅の書画や水墨画、花瓶一つ程度にとどめられた。

　茶を飲む空間である茶室を訪れる客は露地を通って出入りする。草庵茶室に向かう通路である露地は茶室専用の庭園であるとともに、母屋の空間と茶室をつなぐ通路で、現実である外部と断絶する空間である。その空間から見てとれる閑寂でそこはかとない情趣は、殊のほか素朴で自然な空間だという錯覚すらおこす。実際には徹底的に管理された、落ちた枯葉の位置までも設定したというほどの意図的な空間である。だが、この空間は外界との断絶と乖離という機能を果たしている。このようにして虚構的空間の説得力が生じはじめる。

　露地を通り抜けて茶室の前に着いた客は、躙り口という腰をかがめなければ入れない 66 × 63cm 程度の小さい出入口をくぐって中に入る。この出入口は長い刀を差していてはくぐれない。茶室の外で武装をほどいて腰をかがめてにじれば入れる。それでこそ現実のすべてのものと断絶し、狭い空間で茶を通して新しい世界を体験することができる。

中国の
茶文化の
ながれ

南方の美しい木、茶

記録をたどって

中国人にとって茶は「開門七件事（朝、門を開けて一日が始まるときから必要かつ重要な7つの品物。すなわち薪・米・油・塩・醤・酢・茶）」、「日常茶飯事（茶を飲んだり食事をしたりするような日常的なこと）」という言葉が生まれるほど、生活の中に深く根付いていたが、最初からそうだったわけではない。古代中国文化の中心地とされている中原から見たとき、南方のものは異質だった。それらが中心地に溶けこんでなじみ深いものとして受け入れられるまでには長い時間がかかった。

清代の考証学者顧炎武は、『日知録』巻7「茶」で「秦が蜀地域を併合以後、初めて茶を飲む機会があった」と書いている。茶を飲む風習は長期間、巴蜀［四川地方の異称］地域に限定されていたが、

秦によって中国が統一される過程で文化交流が活発になり、この地域以外に伝わりはじめたということだ。このような理解はほかの文献でも確認できる。

　紀元前2世紀頃の字書である『爾雅』には「檟は苦荼だ」と記録されている。これについて4世紀前期の郭璞は「木の形はクチナシのようで、冬に葉が育つ。沸かして汁を作り飲む可煮作羹飲。早い時期に摘んだ茶葉を荼という。遅い時期に摘み取った茶葉を茗というのだが、別名を荈ともいう。巴蜀地域の人は苦荼という」と注釈した。そういうわけで茶を意味する文字として「檟」、「荼」、「茗」、「荈」などがあり、「苦荼」という名もあったことがわかる。これらの文字は8世紀に入り、現在使用している「茶」に統一された。

　また、茶葉を沸かして、汁のように飲む「羹飲」が茶を飲む最初の形態であるといえる。食べるものから飲むものに発展するということが蓋然性を持ちにくいように、「羹飲」したという事実ひとつで、独自の飲料の領域を確立したと断言するのは難しいと思うかもしれない。しかし、飲料の一つとして茶を飲むことが早い時期に確立していたという事実は、漢代の記録である『僮約』を読めばわかる。『僮約』は紀元前59年に作成された奴隷契約書を内容としているのだが、これには奴隷がしなければならない仕事が月別、季節別にこと細かく記載されている。その中に、茶を沸かし、茶を買う仕事が含まれていて、茶が特別なものであったということがわかる。

　飲料としての茶の製法や飲み方などについての具体的な記述は、三国時代になると見られる。3世紀に魏の張揖が書いた『廣雅』には、次のように茶を作って飲む方法について書かれている。

　　荊と巴にかけての地域では茶葉を摘んで餅茶を作り、米の粥［米膏］を塗りつける。飲むときは、まずあぶって赤みを帯びたら搗いて粉

98

状にする。陶磁器に入れ、沸かした湯をそそいで蓋をする。ネギ、
生姜、柑橘を入れて沸かしたりもする。

　このように最初は茶だけを飲んだのではなく、ネギや生姜、柑橘
などを加えて沸かして飲んだ。これは味をよりよくするためのもの
と、健康のためという2つの目的があったと考えられる。
　こうして長い間、茶を飲むのは四川など、中国の西南の地方に限
定されていたものが、しだいにチャノキの自生が可能な周辺地域に
広がっていった。四川から揚子江下流に沿って普及することで、茶
を作り、飲む方法が記録に残るほどになったのである。

茶文化のゆりかご　四川

　四川ではかなり前から茶を飲みはじめ、早くから茶文化が形成さ
れ、その文化をリードしていった。四川がこのような地位を占める
ことになったのには、なによりもチャノキが生長するのに適合した
自然環境にあったためだった。前近代の四川は最大の茶の生産量を
見せるほど、生産が活発だった。
　茶文化のゆりかごと呼ばれる四川地域で、いつから茶を飲みはじ
めたのかは正確にはわからないが、記録によるとおよそ殷から周
にかわる時期（紀元前1027年頃）までは遡ることができる。『華陽國
志』には、周の武王の支配を容認していた巴・蜀の部族が献上する
品物のなかに茶があったという記録がある。古代の暴君の象徴であ
る酒池肉林のエピソードをもつ殷の最後の王である紂を討伐しよう
とした武王は、巴蜀の軍隊の支持を得た。巴と蜀の軍師は勇猛さと
鋭敏さ、懐柔策で殷を討ち退けて功績を挙げた。巴と蜀の軍師らは
爵位を受け、地域の産物を献上したのだが、このときの献上品のな

かに茶があった。『華陽國志』には四川地域のなかでも涪陵と平夷で茶が生産され、什邡の山ではいい茶ができ、南安と武陽でも銘茶があると記録されている。これが347年頃に編纂された後代の記録という点を考慮したとしても、四川地域で茶文化が早い時期から始まっていたという事実だけは明らかだ。

　また『華陽國志』では、チャノキの初期人工栽培についての手がかりも見つけられる。巴國の「近辺の山には芳蒻と香茗」があると書いてあるのだが、ここでいう香茗は茶を意味する。近辺の山に茶があるということは、それらが自生するチャノキではなく領内に植えたチャノキ、すなわち人工栽培作物であることを意味する。

　自生するチャノキ以外に初期のチャノキの栽培は、主に寺社の僧侶によって行われた。『四川通志』に残っている漢代の記録には「四川の名山縣近郊の蒙山にある甘露寺の僧侶は修業をしながら蒙山の頂上にチャノキを植えた」という内容がでてくる。茶の需要が高くなって商品として生産されることで、茶の栽培に対する民間の関心も高くなっただろうし、しだいに自生するチャノキに依存する比率が低くなっていき、茶園が造成されていったのだろう。だが、これはもう少し後の時代になってからの姿だ。人々はしばらくの間、自生するチャノキに依存した。

奴隷契約書？　奴隷を手なずける！

　紀元前59年、王褒が書いた『僮約』には「四川地域でどのように茶を飲んだか」が推測できるとてもおもしろい記述がある。横柄な奴隷を手なずけることが主題となるストーリーで、王褒と寡婦揚惠、そして奴隷の便了が登場する。成都に住む揚惠という女性は夫の死後、家を切り盛りすることになった。彼女には便了という頭痛

の種の奴隷が一人いた。女主人を侮り、客にけちをつけるので売り飛ばしたくて仕方がなかったのだが、買うという人が現れず気をもんでいた。思案の末、揚惠は死んだ夫の親友だった王褒に助けを求めた。王褒はこの横柄な奴隷を手なずけようと、揚惠に金を払って便了を買い取り、徹底した奴隷契約書を作成した。

王褒が便了に提示した奴隷契約書には、奴隷が毎日しなければならない多くの仕事が記載されていたのだが、そのなかに「茶を沸かして、道具を整えておく仕事烹茶盡具」があった。道具とはふつう広義の意味の食器だと考えられるが、茶具と解釈することもできなくはない。そうだとすると、これは茶具に関する最初の記録である。毎日茶を沸かして飲んでいて、専用の容器を使用していたということではないだろうか。

また、ほかの重要な内容は、茶を買いにいかなければならないという条項だった。奴隷の仕事のなかには、毎年2月に武陽に新茶を買いに行く仕事武陽買茶があった。これは紀元前に、すでに四川地域では茶の生産地を中心に茶市場が形成されていたという事実を示す重要な記録だ。当時、すでに商品として茶が販売されていたということで、新茶が生産される春になると1年分の茶を買いに茶市場に行くことが年中行事のひとつであったことがわかる。

『僮約』の記録で「茶」と解釈した「荼」という文字には茶という意味だけでなく、苦い野菜という意味もあった。「茶」という漢字は唐代になってから統一されて使いはじめられた文字で、紀元前1世紀には使用されていなかった。『僮約』で使われた「荼」を「茶」と解釈するもっとも説得力がある理由は、「2月に武陽まで行って新茶を買ってこなければならない」という内容があるからだ。横柄な奴隷便了が住んでいる成都から武陽まで1日に40km歩くとしても、2日もかかる遠い場所だった。苦い野菜だけを買いに

行くには遠すぎる道のりに違いない。往復４日を歩いて買ってこなければならない、それも春に買う特別なものだという意味からも茶と解釈するのが、よほど説得力がある。また現存するもっとも古い中国の地誌である『華陽国志』に「武陽が銘茶の産地」という記録がある事実も、この解釈が正しいということを証明してくれる。

茶を飲む人

茶を飲む習慣は、まずチャノキが育つ地域で広がった。茶の生産地域では茶を飲むのが身近でなじみ深いものだったが、茶の生産地以外に普及するには長い時間と過程を要した。茶を飲む人々についての記録は、早くは上層の階級の人々にまず現れる。これは、文献記録が支配層を中心として書かれていたためということもあり、茶の人工栽培が発展する前までは、庶民層が茶を飲む機会は限られていたからでもある。

昔の多くの逸話から茶の様々な意味を調べられるのだが、とても早い時期から茶には質素だという意味が込められていたことがわかる。紀元前６世紀、晏嬰が、斉国の景公の宰相だったときに、おもに硬い玄米の飯と鳥を焼いたものを３串、卵５個、茶と野菜の和え物を食べていたという。宰相の食事としては質素だったといえる。

晋の国の陸納は、呉興郡太守でありながら、客がくると官位の高低に関わらず、茶と果物だけで接待した。このような質素な態度を彼は、いつものことだと自負していた。桓温も揚州の地方官だったとき、質素な気質どおり、宴会の場でも茶と果物だけを出した。劉琨は悩み事で心身ともに患い、茶を飲んだという。茶が持つ覚醒効果を、昔の人も魅力的な茶の作用と考えたようだ。

南斉の武帝は、本人の霊座に家畜を犠牲にして捧げてはいけない

と遺言を残し、代わりに餅、菓子、茶、干飯、酒と干し肉だけを捧げよと言った。これは茶が祭祀に用いられていたというもっとも古い記録である。

　三国時代、呉の孫晧（そんこう）と韋曜（いよう）の逸話も茶と関連するものとして欠かせない。孫晧は宴会を催さずには一日を終えられないほどに宴会を満喫していた。酒はなくてはならない飲み物だった。用意する酒は７升までとしていたが、すべて飲まなければ気がすまなかった。しかし韋曜が普段飲む酒量は２升にすぎなかった。そこで孫晧は、彼にこっそりと茶を飲ませることで酒の代わりとして礼遇したという。

　これらの記録だけで茶を飲むことが、官吏と武人など支配層だけの専有物だったと断言するのは難しい。中国の南方で茶は特定階層だけの専有物ではなかったという事実を示す記述が残っている。『廣陵耆老傳』（こうりょうきろうでん）と『異苑』（いえん）の話が代表的だ。

　『廣陵耆老傳』によると東晋の元帝の時代、一人の老婆が毎朝茶を入れた器を持って現れては市場で売っていて、人々は先を争って茶を買い求めて飲んでいた。だが、夕方になっても器に入れていた茶は減らないし、老婆は茶を売って得た金を道端の貧しい人々に与えてしまっていた。人々は不審に思い、捕まえて獄中に繋いだが、その夜老婆は茶の器を持って獄の窓から飛び去った。

　『異苑』では、陝縣に住む陳務（せんけん）の妻は若くして寡婦になり、二人の息子と一緒に住んでいて、茶を飲むことを好んだ。家の庭には誰のものかわからない古い墓があった。寡婦は墓を大切に思い、茶を飲むときにはまず墓にお供えをし、息子たちが墓をなくしてしまおうというのもやめさせた。その真心が通じたのか、寡婦の夢の中にその墓の主人が現れて感謝の気持ちを伝え、お礼に財物を埋めておいたので持っていくようにと言った。目が覚めた寡婦が墓を掘って

みると、ほんとうに財物があふれるように出てきた。

　この２つの話はどちらも現実の話ではないが、当時の人々の生活を反映していると判断できる。市場で茶を売る人とそれを買って飲む人や家で茶を楽しむ女性は、その当時珍しいわけではなかった。

　茶が生産されていなかった淮水〔現在の淮河〕以北でも３世紀の記録に、市場で茶を販売していたという内容がある。傳咸の『司隷教』には洛陽市場で茶粥を炊いて売り、その後、緊圧茶を販売していた四川出身の老婆がいたと記録されている。当時、茶の生産地ではない中国北方の都市で茶が売られていたというのは極めて注目に値する事実だ。一定の消費者が存在していたということだからだ。それだけでなく市場で茶粥と緊圧茶を売っていたという事実は、茶が知識人の専有物ではなかったということを表している。

　もちろん当時の洛陽市場で茶を売っていたとして、洛陽の人すべてが我も我もと楽しんだとはいえない。主な客は四川をはじめとした中国南方出身で、中央に進出して活動する官人や文人から商人にいたるまで異郷で生活する人や、僧侶もしくは早くから茶に関心をもつ少数の人だった。中国北方の人が茶を飲むことを習慣的に受け入れるにはもう少し時間が必要だった。

「酪奴」または「水厄」と呼ばれる

　茶文化は中国でもっとも早く形成されて発展したが、中国人すべてが茶を飲むようになるまでには長い時間がかかった。茶は、中国でも最初はチャノキが生長する特定地域で嗜む飲み物だった。チャノキが生長しない淮水以北の北方の人にとって茶は、なぜ飲むのかわからない、南方の人だけが好む不思議な飲み物だった。

　四川を中心とした西南地域から揚子江に沿って東南側に茶の生産と茶を飲むことが伝播するのは順調だったが、淮水を越えた北側は状況が違った。北方にも茶が紹介されたが、南方でのように簡単には盛んにならなかった。それぞれの地域文化に対する自負心があり、見慣れぬものに対する好奇心より、昔からのものを守ろうとする傾向が現れるのが一般的なので、これは当然のことであった。そ

のうえ北朝の統治集団である鮮卑族などは中国の南方文化になじめなかったため、東晋時代まで黄河流域に少しずつ広がっていった茶文化が着実に発展するには難しい状況となっていた。

　北方では茶を「酪奴」ともいうのだが、この名称には南方から伝えられた飲料を軽視する意味がこめられていた。茶が酪奴と呼ばれるようになったのは北魏の孝文帝と王粛の逸話に起因する。『洛陽伽藍記』に詳しい内容が書かれている。

　王粛は江南で生まれて南京で育ったため南方の習慣やしきたりに慣れ親しんでいた。彼の父親は南朝の齊で雍州刺史として過ごし、彼自身も秘書丞まで昇進したが、父親が政治的に処断されたことに鬱憤が溜まり、494年に齊国を捨てて北朝の北魏に帰順した。

　王粛が北魏に来た当初、羊の肉と酪漿（乳製品飲料）など北方の人々が好む油っぽく、味の濃い食事を口にできず、魚料理や茶などの南方の人々が好むものだけを食べていた。さらに茶を飲みはじめると一斗も飲んだので「底なしの杯漏卮」というあだ名がつけられるほどだった。

　北魏に帰順して何年か過ぎ、孝文帝が設けた宴会に出席したとき、王粛はすでに北魏の風習になじんでいた。このとき王粛は羊肉も酪漿も賞味した。宴会で孝文帝が、北朝と南朝の食べ物を話題にすると王粛は「羊肉は陸産の珍味で大国みたいだし、魚は水産の珍味で小国みたいです。茶は酪漿にかなわないのでその奴隷になります」と言い、孝文帝の気をよくさせた。このような王粛の逸話から、茶を酪奴と呼ぶようになったという。

　山東が本籍地の王粛だったが、実際には江南で生まれ育った人だった。政治的状況によって北魏に帰順し、洛陽での生活が始まって時が流れるうちに環境に適応したが、江南で身についた嗜好は捨てられるものではなかった。南朝から北朝に帰順した立場なので、

彼はかなり慎重だった。自分が味わう茶を「酪漿の奴隷」と表現することで、彼は新しい国から個人の嗜好を体よく認めてもらった。会話をするうえで機知を発揮する才能があったのだろう。環境の違いと、さらには南北朝という政治的分断状況は、このように生活習慣と嗜好にも大きな違いを作りだした。

　茶のほかの名称には「水厄」という言葉もあった。『洛陽伽藍記』には酪奴の話に引き続いて彭城王元勰が、北方の官吏が茶を飲むのが気に入らず、茶を指して水厄と呼んだ逸話が書かれている。つまり彭城王元勰は、当時給事中［中国の官職名］劉縞が、王粛の風流を敬慕して茶が好きになると、「あなたは水厄を好むようだが、"世の中には汚れを追い払う男がいるとか、西施の顰みに倣う婦人がいる"とは、まさにあなたのことですな」と皮肉った。当時は各種の宴会が開かれると茶も準備しておいたのだが、人々はたいてい飲まなかった。単に茶を飲む人は南方から北方に帰順した人だけだったとすると、依然として北方の人にとって茶はなじみのある飲料ではなかったということだ。このように北方では茶を好む人を理解できないという意味をこめて、茶を水難という意味の水厄とも呼んだ。

　水厄という単語の由来は、茶を好んで飲んだ清談思想家である東晋の王濛の逸話が起因する。王濛は来客があると必ず茶でもてなした。もてなしがすぎて一度に大量の茶を飲むことを強要するまでになった。よってある人はこれを苦役と思い、王濛の家に行く用事が生じると「今日は水難（水厄）にあうだろう」と言ったりもした。それ以後、水厄という言葉は茶の別称になり、南方でおもしろおかしく使うこともあった。

　南朝・梁の武帝の息子蕭正徳が北魏に投降したとき、元乂が茶を用意しようとして、蕭正徳に「水厄はどのくらい召しあがるか？」

と尋ねた。これは茶を何杯飲むのかという質問だった。このとき蕭正徳は水厄をそのままの意味の水難と解釈し、「私は水の豊かなところに生まれ育ち、立身してから水難にあったことはない」と答えてその場にいた人全員が笑ったという話が伝えられている。蕭正徳は南方でふざけて使う水厄が、北方でも使われているとは考えも及ばなかったはずだ。北方で茶を水厄というときは、茶を飲むのが苦役だという意味とともに、自分たちが好む乳製品飲料である酪漿が茶より有益な飲み物だという比喩の意味がこめられていた。このように茶を酪奴または水厄と呼んだ北方の人々には「酪漿のようにいい飲み物があるのに、なぜ茶を飲むのか」という意識が内在していた。

運河の開通、中国北方にまで日常に染みこんだ茶

　南方と北方の茶に対する認識の違いは、ただ単に北方が茶の生産地ではないというだけではなかった。古代帝国である漢の崩壊後、長い分裂の期間（魏晋南北朝時代）を経て、南と北は相異なる社会性を持つことになった。軍事的・政治的に対峙する状況は楊堅が隋を建国し、589年に全国統一を成し遂げたことで360年余りの長い分裂時代に終止符を打つことで終結した。しかし、軍事的・政治的征服だけで統一が完成されたのではなかった。経済的・文化的融合が成されてこそ真の統一国家だった。そういう意味で真の統一は、南北を繋ぐ運河の開通で成されたといっても過言ではない。

　黄河と淮水を繋ぐ通済渠、淮水と揚子江を連結する邗溝、そして黄河と涿郡（現在の北京）を結ぶ永済渠、揚子江から杭州に連結される江南河が開通した。中国の南と北が、水路を通して円滑な交流が図られるようになったのだ。これで江南の豊富な物資が運河を通っ

て北方まで容易に運搬された。両地域が経済面で密接に結ばれながら、しだいに全般に及ぶ社会融合が進められた。

　運河で南と北が活発に交流して文化が融合されるようになると、茶はしだいに北方の中国人も好む飲料になっていった。茶文化が彼らの生活にも浸透しはじめたのだ。

「和尚様、道士様、なにを召し上がりますか？」

　　南方の中国人は茶を飲むのを好んだが、北方の中国人は最初茶をあまり飲まなかった。開元（713〜741）年間に泰山（たいざん）にある灵岩寺（れいがんじ）の降魔師（ごうまし師）が禅宗を広く流布し、教え導いた。睡眠をとらず、さらに夕食をとらなかったのだが、茶を飲むことは許可した。人々は入信し、随所で茶を沸かして飲んだ。このときから茶の効能が伝わり、茶を飲む習慣ができていった。[1]

　茶をあまり飲まない北方の中国人が、茶に肯定的な関心を持つようになった契機の代表的なものとして禅宗の僧侶と道教の道士の活動があった。前章に出てきた封演の『封氏聞見記』の記録もそのような状況を反映したものである。

　南方の中国人が飲んでいる酪奴ではなく、熱心に心身を修練する僧侶が飲んでいる効き目がある飲料として茶を認識するようになった。茶に良い効能があるという噂は瞬く間に広がっていった。もうこれで北方の中国人も茶を飲まない理由がなくなった。気分もすっきりして健康にも良い茶が船に満載され、運河を通って運搬された。

　そのほかにも茶と関連した宗教人の活動記録で、開元年間の道士である王天師の逸話がある。王天師は道の境地が高い人物で、唐の玄宗（げんそう）が天師に命じた人だった。行者時代、彼は思うところがあって

大きな山から茶200個あまりをかついで京師[多くの人が集まるとこ
ろ。みやこ。帝都]にやってきた。毎回茶具を携帯して城門内で茶を
ふるまっていたのだが、当時宦官だった高力士がそんな姿を見て、
京師に来た理由を尋ねた。王天師は「私は南嶽の行者です。今は九
真観に住んでおりますが、建物が崩壊したので、茶を持ってでて、
施しを受けているだけです」と答えた。これがきっかけとなり、彼
は玄宗に謁見することになった。彼は能力を認められ、九真観も修
理された。その後、何年もたたないうちに名声が高くなった彼は天
師に命じられた。

　このように茶を好んで飲む禅僧や道士によって北方の大衆に茶は
伝わり、それにしたがい茶のイメージも肯定的に刻みつけられた。

　8世紀になると北方においても茶はとても飲み慣れた飲料とな
る。『封氏聞見記』には「山東と河北（鄒、齊、棣は山東で、滄は河北）
から徐々に洛陽と首都長安にいたるまで、各都市には多くの店が開
かれ、茶を沸かして売っていた。宗教人、一般人を問わず、みんな
金を払って茶を買い、飲んだ。茶は揚子江と淮水を通ってくるのだ
が、茶は船と荷車が向かっていく場所ごとに山のように積まれ、種
類と数量もとても多かった」と記録されていて中国北方でも茶が流
行し、通りの茶店で茶を買って飲む生活が日常的であったことがわ
かる。大量の茶が運河を通って供給され、茶を飲む文化も運河に
沿って伝えられたので「山東と河北から徐々に洛陽と首都長安にい
たるまで」と表現したのだろう。茶はもはや南方だけの飲料ではな
く、中国の飲料として定着した。

茶の消費に十分な生産と供給

　チャノキが生長しない地域でも茶を消費するのに大きな問題がな

かったもっとも根本的な理由は、茶の生産と供給が円滑だったためだ。チャノキは亜熱帯性植物で、温帯から熱帯にいたる広範囲の地域で栽培が可能だ。中国は淮水以南に広い茶の生産地を確保していた。そのうえチャノキは肥沃ではない土壌に育つ木だという点も栽培地拡大にたいへん有利だった。一般の農作物は pH6 〜 7 の土壌でよく育つが、チャノキは 4.5 〜 6 の弱酸性の砂質壌土で育つ。食料資源が栽培される農地と競合しないという点は、茶の栽培にとても有利な条件だった。

　8 世紀に入ると、茶を消費する地域は拡大していき、生産量はめざましく増加した。遠距離交易で得る利益が増大し、中国での茶の栽培は早くから専業化された。唐代にもっとも有名だった茶は蒙頂茶だが、800 年代に入ってこの茶の栽培地域は等比級数的に増えていった。以前は絹をもってしても初春に売り出される蒙頂茶一斤すら買い求めるのが難しかったが、茶の需要が増大しはじめて数十年もせずに 1,000 万斤が出荷できるほど生産量が増えた。

　耕作面積の増大と茶園経営の専業化現象は、生産地全域に渡って起こった。江淮地域では人口の 20 〜 30% が茶の生産を本業とし、それによって江南地域の専業化率はさらに高くなった。祁門縣ではほとんど空き地がないほどチャノキが植えられ、専業化率は 70 〜 80% に達した。

　茶を生産するためには集中的な労働力と費用がかかる。そのため、需要者と販売地が十分に確保されなければ専業での生産は不可能だ。しかし、中国の茶市場は嗜好品の段階を越え、必需品の段階にまで発展していた。このような消費状況と併せて中国茶文化の発展の重要な土台となったのは、豊富な生産力だった。中国では茶を飲み始めた初期から伝播されはじめ、中国全域での消費、さらには国境を越えてまで普及する段階になっても、供給量が不足すること

は一度もなかった。

　中国の茶の生産は歴史が長く、茶の種類も、生産量も多かった。８世紀の唐の時代、すでに43の州郡、44の縣で生産されていた。960年に建国された宋代の記録には、茶の専売制度の本格的な施行によって、専売と関連した買い上げと販売などの管理状況が記されている。宋代には15路、２府、82州、13郡、278縣、２城で茶が生産されていた。この中で四川では約3,000万斤が生産された。これは地域別では最高額に該当する。四川を除いた東南地域では、少なくとも2,300万斤余りが生産された。この数量は生産量ではなく専売機構が管理する買茶量であり、生産量の一部だった。この買茶量に折税茶²、貢茶、耗茶³、食茶⁴などの数量を合算すると、約4,937万斤が生産されたと推定できる。東南地域と四川の生産量を合わせると、当時総量にして7,937万斤程度が生産されたことになるのだが、これは現在の数字にすると47,633トンに該当する。

　茶の専売が始められたのは唐代の835年だが、それより前に茶に対する税金が決められた。今も昔も富が築かれるところには徴税がつきものである。茶に対する徴税は780年に初めて実施された。その前まで中央政府では、茶に対して徴税しなかったのは注目するほど取引される商品ではないと考えられていたためだ。茶は長い間、南方のチャノキが生長する地域とその周辺地域を中心に流通・消費された。中央の朝廷があった黄河流域はチャノキが生長する地域ではなかった。だから、当初朝廷では茶の消費量が増加しても強い関心を持たなかったのだ。

　しかし、茶が徴税の対象に値するという事実に、朝廷が気づくにはたいして時間はかからなかった。伝統的に巨額の資本を持っていた商人は塩を扱う鹽商（えんしょう）だったのだが、この時代になると茶商が新しい巨大資本商人として登場した。茶が塩のように全国に流通する

商品として成長したのである。茶の販売によって富が蓄積されることに気づき、ついに780年に常平本銭を確保するという名目で、茶に対しての徴税を開始した。茶に対する徴税は、各地の要路で茶の価格の10分の1を得る産業税の形で賦課された。

　茶に対する徴税は、すぐに専売へとつながった。初期の交易による賦課金徴収という形式をやめ、専売という形式で国家が生産と販売過程を掌握し、その収益を積極的に吸い取る形態に替わった。それは、国家財政を拡充するためのものであった。その後も専売制度は多くの変化を繰り返してきたが、茶はずっと専売品目として指定され、国家に高い収益を提供した。

　宋前期に茶の専売は生産地全体ではなく、四川を除いた地域を対象にしていた。基本的に宋は発展する江南の経済と、首都がある黄河の経済を連結することで経済政策を進めていった。茶の専売もこのような範囲内にあった。最大の生産地である四川で専売制を施行しなかったのは、専売茶の価格を適当な水準で維持するためのものであった。おびただしい物量は価格下落をおこし、専売収益を下げることになるからだ。数量を調節するために四川地域の茶を専売制度から除外しつつ、地域以外での販売も禁止した。結局、もっとも生産量が多かった四川を除いても、ほかの地域からの供給に問題が発生しないほど、当時の生産量が十分であったことがうかがえる。

陸羽と『茶経』

『茶経』と清規

　杭州に位置する中國茶葉博物館の前庭には茶を飲んでいる姿の陸羽の銅像が建てられている。また、中国各所にある茶の販売所や茶店にも陸羽の姿をなんらかの形で祀るのが一般的だ。上海の閘北公園にも「やかん王がお客様を迎える」と刻まれた茶を沸かす大きなやかんと茶杯を持って座っている陸羽の銅像がある。このような銅像は単に現代だからあるというわけではない。11世紀中頃に書かれた歐陽修の『集古錄跋尾』にも次のように記録されている。

　茶はおおよそ魏晋以来あったが、後世、茶について言及するときには必ず陸鴻漸（陸羽）を基本とする。茶書の著述も彼から始まった。現代に伝わる民間風習としては、茶を売る店では台所の横に素焼き

の人形一つを置き、それを陸鴻漸と呼んでいる。

　茶の歴史において、8世紀の陸羽が占める位置は今も昔も同じ
だ。生存していた当時、茶仙または茶聖としてあがめられた彼は、
今日も茶文化を代表する人物として認識され、茶神として存在す
る。歴史上これだけの足跡を残した人もそうざらにはいないはず
だ。

　陸羽は茶文化の発展に画期的な役割を果たした人物だ。中国の茶
文化は、陸羽によって総合文化として完成されたといっても過言で
はない。当時は仏教信仰の拡散とともに茶を飲む風習が北方にまで
伝播されつつ茶文化が完成段階に達し、彼の手で茶を飲む方法も規
範化されていた。陸羽は茶の専門書である『茶経』を著して茶につ
いての知識を紹介し、茶を沸かして飲む方法の模範を提示した。そ
れによって寺院の茶礼とはまた違う民間茶礼が形成された。彼が
30歳の頃、著述した『茶経』が、当時はもちろん今も広く愛読さ
れるという事実は、彼の影響力が現在まで及んでいることを証明し
ている。

　8世紀後半になって茶書と清規（禅院で守らなくてはならない規則）
が同時に出現したという事実は偶然とはいえない。最初の茶書と最
初の清規を成立させた人は、陸羽と百丈懐海禅師だ。このふたり
は同時代を生き、ひとりは民間茶礼を、もうひとりは禅院茶礼を集
大成した。ふたりの間に直接交流があったわけではないが、ふたり
とも唐代の中心で茶文化を先導した。

　陸羽が残した『茶経』は現在まで読み続けられている代表的な
茶書だ。百丈懐海禅師が書いた『百丈清規』は現存していないが、
1103年、慈覚宗賾禅師が撰述した『禅苑清規』の根幹となり、日・
中・韓三か国すべての清規史を繋げることができた。一方、清規の

制定は禅宗の各宗派の独立を意味するものでもあった。

『百丈清規』は900年代を過ぎると散逸してしまい、現在はその原文を知ることはできないが、『禅苑清規』を通してその概略が読み取れる。清規には、僧侶が順守しなければならなない戒律、所持しなければならない物品とその保管および包装方法、僧侶の服装、寺院に常住するときや一時的に滞在するために行わなければならない手続き、食事と茶席に臨む際の法など細かいことから、団体生活のための規則と禅院運営に関連した原則にいたるまで、総合的に整理されていた。

特に禅院生活のなかで茶は、すべての関係と行事の媒介機能をしていた。挨拶をするときも、報告をするときも、行事を進行するときも、客を迎えるときや個人の時間を過ごすときも茶を基礎とした儀礼をもって進められた。さらに僧侶が所持しなければならない物品のなかには茶具があった。このように禅宗の僧侶の生活と茶は密接な関係にあった。禅宗はほかの宗派と違い積極的に経済活動をし、一般大衆とも活発に交流した。このような姿勢と活動によって、禅宗の僧侶の禅院生活とその文化は外部に強い影響を及ぼした。

陸羽は在野で『茶経』を執筆したが、幼年期は寺で過ごした。禅院で育った経験は、以降の彼の人生に重要な土台であり巨大な宝物倉庫の役割をした。禅院で守らなければならない規則が文書化されつつあった頃、陸羽は在野で茶を総合文化として規範化していた。彼が書いた『茶経』は最初の茶書であり、その後数十巻の茶書が出現したが、『茶経』を凌駕する茶書はないと評されるほど最高の茶書だ。

『茶経』の原文はおよそ7,000字、上・中・下の3巻に分かれ、全部で10の主題で構成されている。上巻では茶の由来と製造、そ

してそれに必要な器具について、中巻では茶具について説明している。下巻では茶を沸かす方法と茶に対する姿勢、そして茶を飲む人、茶の生産地にまで及ぶ多様な内容がこめられている。つまり『茶経』は茶についてのすべてのことを盛り込んだ本ということである。

このような構成が可能だったのは、茶に対する陸羽の姿勢が並大抵のものではなかったためである。彼は茶を理解する方法を、書物を読むことだけに限定しなかった。具体的かつ実質的に理解するために、常に直接経験する努力を傾注した。つまり、単純に茶を飲みながら鑑賞するだけにとどまらず、自身の手で直接茶葉を摘み取って茶を作りながら理解していった。チャノキが育つ崖が険しくても、帰宅するのが遅くなっても茶が優先した。そのようなわけで春になると家を空ける日が多く、客が訪ねていっても彼に会うのは簡単ではなかった。陸羽に会いにいって無駄骨を折った僧侶皎然も「陸羽處士を訪ねていったら〈訪陸處士羽〉」という詩で「どちらの山で春茗を賞していらっしゃるのか、どちらで春泉を楽しんでいらっしゃるのか」と、彼の不在を残念がった。

こうして陸羽自身が体験した結果まで加えられた『茶経』は、8世紀の唐でチャノキが育つ場所はどこなのか、どの地域の茶が有名なのか、茶はどう飲むのがいいのか、どのような人が茶を飲むのか、茶を通して何を追究し、満たしていけるのかなど多岐にわたる問題を把握できる本として完成した。それは、簡単に到達できる水準ではなかった。そして、その当時だけではなく現在に至っても読まれる古典となった。

『毀茶論』

　陸羽が『茶経』を執筆したのは多くの人が記憶しているが、彼が『毀茶論』も著述したという事実はそれほど知られていなかった。もちろん『毀茶論』は、その内容が散逸して残っていないために限界があるのが事実だ。しかしそれが著された背景を調べることは茶文化を理解するためのひとつの材料となる。

　『茶経』と『毀茶論』は、陸羽が30代前半のほぼ同時期に著したものだ。茶に関する陸羽の基本的認識と形式が完成された時と見られる。惜しくも『毀茶論』はその内容がわからないため、ただそれを著すことになった背景を調べることで、陸羽が何を書き表したかったのか推察してみるだけだ。『封氏聞見記』には、陸羽が当時どのような思いで『毀茶論』を著したのか、その状況を想像できる記録が残っている。『封氏聞見記』によると、当時30代の陸羽はすでに茶に関しての名望が高かった。彼が茶について話す内容や茶を飲む方法、好まれる茶具などが規範のように決められていた。そんな陸羽の人気にあやかって活動する人もいたのだが、そのなかでも常伯熊が代表的だった。

　御史大夫李季卿が江南地域を巡視しているときだった。臨淮に至るまで「常伯翁の茶がすばらしい」という話を聞き、茶事を行うために彼を招請した。常伯翁は黄被衫を着て黒い烏紗帽をかぶって現れ、注目を浴びながら茶事を進めた。李季卿は茶二杯を飲んだところでとりやめた。江南に到着した彼は、今度は「鴻漸（陸羽）が茶に長じている」というので茶事を行うために彼を招請した。陸羽は平凡な服装で茶具を持って座り、常伯翁がしたのと同じように茶事を行った。李季卿は心の中でそれを軽蔑し、使用人に命じて銭30文を茶事の報酬として支払った。

李季卿の仕打ちに、陸羽はひどい侮蔑を感じたようだった。銭30文という金額が問題ではなく、それを支払う態度が問題の本質だったのだろう。李季卿が自身の卑しい身なりだけを見て、茶には関心すら見せなかったのを感知したに違いない。これを見るに堪えないと思い、茶事から戻ってきて著したものが『毀茶論』である。よって『毀茶論』は茶の本質を知らない人に対する、激しい批判がこめられていると推測できる。『茶経』で彼は「天の育む万物にはすべて、極めて奥深いことわりがこめられている。人々がうまくできているのは、ただ薄っぺらで簡単なことだけを選択しているのだ」と批判しているのだが、おそらく『毀茶論』は『茶経』でいうところの、「見え透いていて簡単なことだけを選択して、天が授けることわりに気づけない」軽くて荒唐無稽な人の態度と意識を慨嘆する文章であったのだろう。

　陸羽と李季卿の出会いはこうして悪縁として始まったが、しばらくして李季卿は陸羽の真価を認めたようだ。茶を飲む彼らは茶だけでなく水についても一見識を持っており、陸羽の鑑定と関連したエピソードからそんな状況がうかがえる。張又新の『煎茶水記』に残っている、陸羽と李季卿の水の鑑定についての逸話を見てみよう。

　唐の代宗の時代の初期、湖州刺史だった李季卿が維揚で偶然陸羽に会った。彼は陸羽の名声を聞きおよんでいて、顔見知りなので会話をしながら揚子驛まで同行した。このとき李季卿は茶に精通している陸羽に、南零の水の品定めをしてもらう絶好の機会と考えた。そこで使いを出して南零の水を汲んでこさせ、陸羽に品評をしてくれるように頼んだ。汲んできた水桶を受け取った陸羽は杓で水を汲んで撒き散らし、「川の水は川の水でも南零水ではなく、丘のあたりの水である」と言った。すると水を汲んできた人はありったけの

言葉を使って否定した。陸羽はなにも言わず、桶の水を半分まで流し捨てた。そうして再び杓に水を汲みとって撒き散らしながら「この水からが南零水だろう」と言うと、水を汲んできた人は驚いてようやく事実をありのまま告げた。南零水を汲んで丘のあたりまで来たのだが、うっかり半分をこぼしてしまったのだ。水量が少なすぎるのではないかと心配したあまり、近くの水を汲み足したと話した。李季卿はこのことに感嘆しながらも陸羽の下す評価を受け損ねたのだが、それからは20等級の水の品評が記録されるようになった。

　ほかの場所の水が混じっていたことを見抜くほどとは、まさに神の鑑別ではないか！　だが、この品評エピソードは李季卿と陸羽の出会いがよくなかった理由から、つくり話だろうと疑われてもいる。そのうえこのエピソードは『茶経』に記録された水についての陸羽の見解とも一致しない。しかしその真偽についてはさておいて、このようなエピソードが言い伝えられているということに注目する必要がある。また、このようなエピソードが生まれたということは、結局は陸羽の名声を反映させるためではないだろうか。李季卿が陸羽の鑑別をかなり信頼したように話が構成されたという点もおもしろい。結果的に陸羽にとって李季卿との出会いはさらに茶の本質に集中し、茶を真摯な態度で嗜むようになる契機になったようだ。

陸羽にとって茶とは

　それでは、陸羽は茶をどう理解したのだろうか？　基本的に茶は薬用効果が高い飲料だった。陸羽も、茶が心身ともにすべてを治療してくれるいい飲料だと考えていた。熱のせいで喉が渇く症状や消

化機能がもたれているときも茶が効き、頭痛や目の渇きにも、手足がつらいとか関節が痛むときも茶を何杯か飲めばいいとした。しかし茶が心身に効く飲料とだけ考えたのなら、ただの薬の処方箋としても十分だった。しかし、彼が『茶経』を著したのは、茶が持っている単純な効能だけでなく、茶に対する深い理解があったからである。

　　茶は南方の美しい木だ。

　『茶経』の書き出しである。彼がチャノキを「南方の美しい木」と絶賛したのも、ただ単に茶が身体にいい飲料のためだけではなかった。それでは彼は茶をどう理解したのだろうか？　次の文章が、茶に対する彼の姿勢を語っている。

　　天の育む万物には、すべてに極めて奥深いことわりがこめられている。

　陸羽にとって茶は、天のことわりを悟るための奥深い飲料だった。したがって茶と関連するすべてのことに対して非常に厳格で重視した。茶は一生を捧げて探求しなければならない対象だった。
　まず、茶に対する姿勢からして重要だった。茶は天のことわりを悟ることができる飲料だったが、その悟りに到達するのはたやすいことではなかった。つまり茶は、自身の修養をしなければ近づけなかった。普通の人々がうまくいくような薄っぺらで簡単なことだけ選択しようとしていては、決して茶を理解できないだろう。陸羽は、茶の性質と味が限りなく満たされて、これにふさわしい人は清廉潔白でいて質素でありながら、徳がある人だとした。

次に、九難に勝たねばならないと語った。それは茶を作ることから始まり、茶を飲むまでの９段階（茶を作る、鑑別、茶具、火、水、焙煎、粉状化、沸かす、飲む）を指す。段階ごとに豊かな見識と、自然な身のこなしのなかに習熟された技術を兼ね備えなければならない。単に茶と茶具についての訓練だけを意味するものではない。彼にとって人生を省察するのが茶だった。したがってその過程と行為に大きな意味を付与したと理解しなければならない。

　また質素な茶の性質に合うように、茶は濃いものを飲んではならないとし、茶椀いっぱいではなく半分程度を飲めば茶の真の味を感じられると語った。茶は１つの釜で茶椀５杯分程度の量を沸かすのがもっとも適当だとした。先に淹れた茶椀の順序どおりに味がいいので、３杯目までが香りもよくおいしい茶で、５杯目までが飲むのに適している茶だ。５人いたら茶椀３つをまわして飲み、７人であれば５つの茶椀をまわして飲む。10人ならば風炉２台を使って５人ずつで飲むように構成しなければならない。このように陸羽にとって茶は大勢で飲む飲料であり、また分け合って飲む飲料だった。茶を飲みながら悟りの境地に達することは、茶を分け合って飲むことで完成するのだった。

日常の
茶

生成盞と茶百戯

　安定的な生産と流通を基盤にして8世紀以降、茶は中国人の日常飲料となり、さらに必需品として名を連ねるほどになった。広い地域、様々な階層で消費されながら文化的な内容もより一層豊かな時期となる。

　宋代の茶書に分類される陶穀の『清異録』には興味深い記録が残っている。『清異録』のなかの「生成盞」と「茶百戯」を見ると、当時の人々は、茶の泡で様々な模様を描かれるのを見ながら茶に興じたという事実があったのだ。「生成盞」は末茶をうまく淹れる茶の匠が茶湯の表面に奇妙な形態の模様を描きだすものだ。この技術は簡単に得られるものではないので、人々は「神の境地に達する芸術」と評した。当時、福全という僧侶がこの技術にたけていたのだ

が、彼は茶4杯を淹れながら詩の一節を茶湯の表面に浮かび上がるようにしたという。この美しい技術に人々は熱狂し、福全が住んでいた寺には彼の技をひと目見ようとする人が押し寄せたため、辺りは門前市を成す状態となった。彼らは布施をしたあと、少しの時間だけ浮かび上がるこの湯戯に興じた。

　当時の人々はこのような茶遊びを「茶百戯」ともいうのだが、これは寺に限られたものではなかった。茶椀に沸かした湯を注いで匙でかき混ぜ、あらゆる技巧を施して茶の表面に描き出される魚、虫、草花などの様々な模様は、その技巧が非常に繊細で、まるで絵を描いているようだった。すぐに散り散りになって消えてしまうものだったのでゆっくりは見ていられなかったが、人々は茶を飲む前にいろいろな模様が描き出される過程を見ながら楽しんだに違いない。このような遊びは茶を作ってから飲むまでの過程のなかで、茶の味を最上のものとすると同時に、精神の安定と肉体の健康を図りながらも、おもしろおかしく茶になじもうとする傾向があったことがうかがえる。

開封と藩儒の華麗で多様な茶店

　唐の末期と宋の前期、すなわち10世紀前後の時期をよく「唐宋変革期」という。それはまさに革命的な変化が起きた時期だった。皇帝統治体制が持続されたので革命とまではいえないが、変化という言葉では表現しきれない激変期だった。社会的には貴族社会が終わり、庶民社会へと前進する時期だった。少数の貴族が多くのものを共有した時代から、多数の人が共有する時代に変わったのだ。その中心には産業と都市の発達があった。産業と都市という二面を中心にして富が蓄積され、消費された。茶の消費もこのような流れに

のって大きく増加した。

　茶は家でだけ飲む飲料ではなくなり、人が集まる場所であればどこでも飲める飲料になった。よってあらゆる所に茶店ができはじめた。特に大都市で茶の消費と茶店の営業は日増しに繁盛していった。宋の首都開封で茶店に通うのはかなり日常的な生活の一部だった。茶を飲める場所は、露店から豪華に飾られた茶店にいたるまで様々だった。開封府の舊曹門街の北側にあった「撒子茶房」は、内部に神仙洞窟と神仙橋まで造られた豪華な茶店だった。女性も夕方になると散歩がてらそこに行って茶を飲んだりしたというから、茶店を訪れるのは、当時の人の日常生活であり余暇を過ごすひとつの方法だったようである。

　良家の娘まで頻繁に茶房に出入りしたといっても、茶房への出入りをすべての人が肯定的に思ったわけではない。袁采が書いた『袁氏世範』では「街の通りにある茶房と酒店はすべて取るに足らない輩が集まる場所」であるとし、否定的に見ていた。もちろん茶房や酒店への出入りを禁じるものではなく、あらゆる階層の多様な人が集まる場所であり、度を越して興じているとひょっとしたら馬鹿げたことや、酔客にあったりすることもあるから気をつけろという意味だった。そして知識人層の身分意識を強調するための忠告でもあった。これに同意する人がいたとしても、茶店に多くの人が集まって茶を飲んでいたことは、彼らも認める社会現象だった。

　茶店の形態や規模は多種多様だった。茶筒や手押し車を引いて来て茶を売る露店があるかと思えば、道端に店を開いて茶を売る所が軒を並べた。それだけに販売競争も熾烈で、客引きのための様々な方法が講じられもした。その結果、茶の味だけではなく茶店の雰囲気が客を引きつける重要な要素として登場した。茶店は壁に絵画を飾ったり目立つ什器を使い、人々の関心をひくことに注力するよう

になった。

　開封の通りにあった有名な茶店についてのおもしろい話が、王明清の『攄青雑説』に記されている。この茶店が人気のあった理由は、上品で清潔な雰囲気が一流だったうえに、器や椅子、テーブルがすべて統一されていて整然としていたからだという。さらに、主人は客が置き忘れていった物をきちんと保管しておいてあとで返す、良識ある人だった。何年か過ぎてから訪ねていってもそのまま保管されているほどだった。遺失物は傘・靴・衣服・器など様々で、なかには財布までもがあった。茶店の主人は遺失物に「○年○月○日、▽△のような人相と身なりの人が置き忘れた物」という札をつけておいた。すなわち「役人のような人」、「僧侶のような人」、「学生のような人」、「婦人」、「商人のような人」など人相と身なりで物を置き忘れていった人の身分を書き記した。もし、どのような人か外見でわからなかったら「身分がわからない人」と書き記しておいたということだから、ほんとうにどれだけ様々な人がその茶店に出入りしていたのかが察せられる。さらに驚くことに、この茶店は規模が小さいというのに、そこで茶を飲む人が 50 人余りもいたというから、当時の開封の通りにあった酒店や茶店の規模を想像してみることができよう。

　黄河沿いに開封があり、揚子江沿いには杭州があった。杭州は宋が女真族に河北地域を奪われ、開封から追われて淮水を境に南側の地域だけを統治していた時期の首都である。宋は北方を取り戻すことを国是としていたので、杭州を正式な首都とは考えず、臨時首都という意味で行在と呼んだ。国土の半分を喪失した暗鬱な時期だったが、産業の発達のおかげで経済が復興したので、都市は一段と消費活動が活発だった。

　このころになると、それまであらゆる階層の様々な人が集まって

茶を飲んでいた茶店は、もう少し特定した顧客を対象にする専門茶店として発展した。多くの茶店が営業競争をするなかで、それぞれの茶店の雰囲気と顧客の好みによって、特定の顧客を集中的に攻略する営業戦略を選択するようになった。その結果、専門茶店が新しく生まれたのである。もちろん各茶店に、特に出入りを制約する強制条項があるわけではなかった。茶店は都合によって、そして消費者の需要と趣向によって自然と選択された。

　呉自牧の『夢梁録』には、杭州の通りにあった多様な専門茶店に関する記録が残っている。夜市が開かれると、大通りに立って気楽に茶を飲める露店業態が依然として繁盛していた。反面、大凡茶楼という茶店は、高級な客が主であった。その茶店の顧客は、大部分が富裕層の子弟と役人だった。彼らは勤め帰りにここに集まっては茶を飲みながら楽器を習ったり、有意義な教えを聞いて教養を身につけたりもした。茶店が上層の社交場の機能をしていたのである。

　また、主に同じ職業の人が集まる茶店もあった。雑役をする男性が主に集まるところがあるかと思えば、職人や技芸者が集まる茶店もあった。彼らはここで職業上の情報を交換しながら、もしくは同一職業従事者間の気楽さを感じながらゆとりを味わった。一方、士大夫が好む上品な雰囲気の茶店も多かった。

　そのほかに「花茶房」と呼ばれる所もあったのだが、これは妓女を前面に出して通行人の目を引かせて客引きをする派手な茶店のことだった。美しさと技芸が抜きんでた妓女は、美貌と微笑で客引きをするだけでなく、朝から晩まで歌と弦楽器で客の心と目を激しく揺り動かした。妓女だけでなく茶店自体もやはり豪華そのものだった。ある店では什器をすべて金銀で作り、覆うものや幕は絹を使用した。そんな店で茶を飲もうとしたら、ばか高い支払いになったで

あろう。妓女に入る金はもちろん、別途についてくる販売員までいるのだから、支払額は想像を超えるに決まっていた。『袁氏世範』で茶店に通うのを注意しろとあるのは、まさにこのような店を指して言った言葉だ。こういう茶店は大概騒々しく、常にもめごとが起きていた。だから一般人が行くのには注意が必要であり、君子であることを自称する人は足を運ぶ場所ではなかった。

　茶店の規模の大型化と豪華さは、時がたつほどさらに過激になった。そして開封より杭州の茶店がさらに華やかだった。開封でも、すでに広間の壁に有名な絵画を飾って目の保養を提供するなど室内の装飾に神経を使ったが、杭州では絵画だけでなく季節によってさまざまな花を飾るなど装飾にさらに熱を上げた。金銀で作られた豪華な什器を使用する茶店もあったし、そこまでするほどの財力がない主人はありとあらゆる豪華な装飾物を借りてきては、客が来るたびに新しい物に取り替えて接客するという念の入れようだった。

「開門七件事」のひとつ

　茶の消費は都市だけで活発だったわけではない。農村の方がはるかに活発だった。これは茶が豊富に生産されていたという事実として理解できるだけでなく、茶を飲む風習が南方から北方に、農村から都市に普及されたということとも密接な関連がある。

　現代より以前の中国人にとって茶は単純な嗜好品というだけでなく、生活に密着した飲料だった。茶を飲む生活習慣は古くからのいわれがあるもので、「日常茶飯事」、「開門七件事」あるいは「七飯事」という言葉が流行するほどだった。茶が中国人の生活にどれだけ密着していたかをうまく表現した例だといえる。「開門七件事」という言葉は、朝起きて一日を始めるときから必要とする日常の七

品を意味する。つまり生活必需品である。当時の中国人が挙げる七品は、薪、米、油、塩、醤、酢、茶だった。生活必需品として挙げられた七品は南宋時代から明代に至るまで、すべての中国人にとって一般的な物だった。

　日常に絶対的に必要な品目に茶が属しているというのは、現在私たちが茶を嗜好品のひとつとして考えていることとは大きな違いがある。宋代の改革政治家の王安石は「茶は米や塩と同じで、一日でも欠かしてはならない」と語った。そのほかにも「君子でも子どもでも好きではない人はいないし、裕福であっても貧乏であっても飲まない人はいない」、「何日か食べ物を口にできないのは大丈夫だが、一日でも茶が飲めないのはありえない」という類似した表現は珍しくない。決して誇張された表現ではなかったという事実も注目すべき点である。

　茶には本来、客を接待するという意味があるのだが、客に茶を出すというのは官僚や文人に限定されたことではなかった。しだいに誰もが、客が訪ねてくれば接待しなければならない、非常に普遍的なことになっていった。朱彧は『萍洲可談』で、中国と契丹の茶を飲む風習を比較したのだが、客が来ると茶を出し、帰るときは湯を出すことが中国の普遍的な風習だという。一方、契丹ではまず湯を出してあとで茶を飲むと、契丹に使臣として行ってきた父朱服から聞いた話を記録した。

　当時の宋では、客が来ると茶と湯で接待することが普遍的な風習だった。よくしゃべる面倒くさい客を早く返すには、湯を早く出しておくのがもっとも有効だという笑い話があるほどだった。喫茶と喫湯が組み合わさった「客禮」は、宮廷や役所でだけでなく、民間でも行われるほど広範囲に守られた。ここで湯は薬材を入れて作る温かい、もしくは冷たい飲料で、甘草を入れて甘みと香りを加えた

りもした。

　宋代の絵画にも、客に茶を出す姿が描かれている。「飲茶圖」[7]は扇に描かれていて、客を迎える女主人と客として来たと思われる女性の姿がある。左側にいる女性は、茶盆を捧げ持つ侍女の給仕で茶杯を差し出そうとしている。女主人を見ている右側の女性は姿からして礼儀をわきまえた客に見える。後ろに控えている侍女の手にある絹布に包まれた箱は贈り物のようだ。おそらく客を今しがた迎え、茶を勧めようとしている状況のようだ。

　宋代の人々は多様かつ豊富な飲料を嗜んだ。これは『夢梁録（むりょうろく）』に記録された、茶と湯についての記事を見るとよくわかる。この時期には薬材と健康にいい食品を混合した多くの種類の飲料が発達した。

　　季節ごとに様々な茶と湯を取り揃えていて、冬には七寶擂茶（しっぽうれいちゃ）と葱茶、
　　または鹽鼓湯を売った。夏には雪泡梅花も売り、縮脾飲暑薬（脾臓
　　を収縮させ、暑気払いをする薬）のような種類のものを売った。

　茶と湯を一緒に取り揃えられないとしても、茶が客をもてなし、社交の媒介になったのは下層民にとっても同じことだった。宋代に民間で伝承された話を集めた本である『夷堅志（いけんし）』に書かれている福州地域のある話を読むと、当時茶を飲むことがどれだけ日常的だったのかがうかがえる。話は、ある子どもの母親が茶を飲みに近所の家に行っている間に、飼っていた豚がおくるみにくるんだ赤ん坊の腕と脚を噛んで死亡させてしまったという、痛ましい内容である。豚とひとつの空間で生活するほどに貧しい人にとっても、茶を飲むことは普段の生活習慣だったのである。

　また隣近所と仲良く過ごすために茶が一役を担っていることがわ

飲茶圖

かる。杭州ではごく一般的なこととして、引っ越してきた人がいると荷物を運ぶのを手伝い、茶湯を入れてあげながら隣近所としての親しいつきあいを深めた。さらに茶は、経済状況が厳しい人の生計手段であったり物乞いの手段にもなったりした。街や路地には茶瓶を持って出てきて、人が何度も出入りする家の門の前で茶を沸かす人々がいて、彼らは茶を売りもしたし、隣近所間の知らせを伝達するお使いをしたりもした。宋代に人々は朔日や春、または吉凶事があるときに隣近所に茶を沸かして配り、知らせを伝えたのだが、このとき茶瓶を持って売り歩く人を雇ったりした。また、官舎などの門前や通りでむしろを敷いて茶を沸かして配りながら、人々に金や物品を乞う人もいた。

金でも得られない茶

　庶民社会に移行しながら多くの物を多数の人が共有するようになったとしても、特別な価値と独占的な消費が消えてしまったわけではなかった。むしろこの時期にはどれだけの価値なのか見当もつけられないほどの高貴な茶が存在した。王朝時代、いち早くはじまったのが皇帝のための御茶の特別管理だ。御茶は初期の生産地で作られる最上級段階から始まり、最終的にはすべての茶の種類のうち、最上位の位置を占める段階にまで発展した。そして「金をもってしても買い求められない茶」が存在するようになったのがまさしく宋代であった。

　宋は宮廷で使用する茶を民間の茶と差別化し、宮廷茶の高級化を極端な水準まで引き上げた。その結果、金をもってしても買い求められない茶が誕生することになった。その高貴さがどの程度だったのかは、欧陽脩が『龍茶録後序』に記録した経験談を通して知る

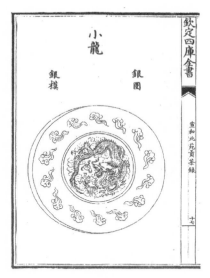

小龍

　ことができる。
　宋の仁宗の時代は、小龍團が最高の茶だった。小龍團は慶歴年間
（1041～1048）に蔡襄が福建轉運使だったときに奉げた御茶だった。
20餅が1斤（600グラム）の、とても少量の茶だった。龍と雲の文様
が描かれ、銀で作られた箱に入れると30グラムの小龍團1餅がで
きあがった。仁宗はこの小龍團を出し渋ったので、宰相ですらなか
なか味わえなかった。南郊で毎年茶礼を行っていたのだが、臣下
たちは到斎[8]の夕刻にならないと小龍團を下賜してもらえなかった。
それも中書省と枢密院に、4人あたり1餅を渡しただけだった。こ
のとき皇帝は、女官が金を細かくして作った龍鳳の形をした造花を
小龍團の上に載せて下賜した。小龍團を分け合った官僚はそれを大
切に家まで持ち帰ったが、恐れ多くて口にできなかった。家の中に

しまいこんで、大事な客が来たときだけ取り出して互いに惜しんで眺めるだけ、本当に珍重した。親しくない人には見せてあげることすらもったいないと思っていた。

　仁宗は1062年、明堂で祭祀を行い、到斎の夕刻に初めて人々に1餅ずつ小龍團を下賜した。歐陽脩もこのとき初めて小龍團1餅をもらった。彼が諌官として宮廷に上がって20年あまりが過ぎたころというのだから、小龍團をもらうことがどれほど難しいことなのかがわかる。やはり歐陽脩もこれを切り分けて飲んだりせず、『龍茶録後序』を著した1064年までの2年間、そのまま大切に保管していた。

　このように高官でさえ宝石のようにひたすら大切に保管し、大切な客が来たときだけ取り出して自慢するように見せて触らせてあげる程度だったので、これらの茶の価格を論じるということ自体が話にならなかったのではないだろうか。取引をして買い求められない茶だったので、いくら富豪だからと金を並べて買おうとしても買えなかったのは当然のことだった。まさにこの茶が金とも取り替えられない茶だったのである。

皇帝の茶、北苑茶

　「金でも買えず、金とも取り替えられない茶」が存在する状況が宋代に現れたのは、宮廷茶を特別に管理して一元化し、以前よりさらに民間の茶と差別化したためだった。宋の宮廷茶は、北苑に位置する御茶園で独占的に供給された。このような単一供給は、以前には事例がないことだった。

　すべての商品において、品質向上と価格高騰は一般的にみられる現象だった。茶が飲料として普及し始めてからいい茶、珍しい茶に

対する人気は序々に高くなっていった。一時は一部の上層階級に限定されもしたが、社会的・経済的環境が良くなると大衆が嗜む茶となった。そのはじまりは唐代からだった。

唐代になると、茶は全国に普及して普遍的な飲料として位置付けられた。茶のなかで一部上級の茶は希少性と遠距離流通のおかげで価格高騰を繰り広げる商品として成長した。茶は一部の貴族が享有する物から大衆が嗜む生活必需品に拡大される過程にあったので、その利益が大きいほど商人と生産者間の競争はさらに熾烈なものとなっていった。

ここにもっと強い力をもった勢力としては宮廷があった。宮廷茶を供給するための特別な方法は御茶園を設置することだった。すでに5世紀に南朝の宋では、烏程縣[現在の呉興県]の温山に御茶園が設置された事例がある。このときは宮廷茶という差別性を意図するためというよりも、宮廷の需要のための茶を安定的に供給してもらうため、すなわち供給の安定化により重点が置かれていた。

宮廷茶に差別性を持たせようとする積極的な努力は、唐の末期以降から見られる。8世紀には、唐の王朝は17か所から土貢方式で茶を上納させた。その数量は宮廷の需要を超え、国家財政に転用して使うほど多かった。すでに宮廷の需要に合わせて安定的に供給する段階は過ぎたのである。

このような状況で唐の朝廷は常州と湖州の境界を成す顧渚山に貢茶園を設置し、土貢方式ではない官主導の宮廷茶の製造を始めた。この顧渚貢焙で毎年 18,400 斤の宮廷茶が生産され、常州の義興茶と湖州の紫笋茶は唐の時代の最高の茶となった。

民間の茶と差別化しようという努力は、次の王朝である宋代のときに頂点を極めたといえる。999 年、30 か所余りの場所から土貢方式によって茶を上納させていたのを廃止した宋朝は、宮廷需要の茶

を福建路建州の北苑のみで生産して供給させるようにした。様々な茶よりは最高の茶、すなわち民間と区別される権威ある宮廷の茶を目指したのだ。

　貢茶制度は売買過程を省略し、公式な市場の段階をとばしたものだった。民間の茶の販売と流通の発展に逆行する方式だった。茶がもたらす国家の利益とその活用度が高くないときは、専売と貢茶制度を並行するのが難しくなかった。しかし、茶の専売で生じる利益と寄与度が高くなった状況では専売と貢茶制度は共存しづらかった。さらに10世紀以後、当時の国際秩序の主導権が北方民族である契丹にあったので、宋の朝廷は国防と外交のための経済政策を最優先に置くしかなかった。茶の消費が普遍化された状況で、茶を流用した財源を活用する方向で政策がたてられ、その結果は貢茶地域の縮小ということになった。

　結局、貢茶の製造と運搬のための人的・物理的費用による難しさと混乱を認め、30余りの州で行われていた貢茶制度を廃止した。その代わりに最上の茶を生産していた建州北苑に御茶園を造って茶の生産と製造技術を向上させ、独占的に宮廷茶を生産するようにした。宮廷に供給する以外には、民間で販売されない茶だった。宮廷茶として北苑茶の名声は宋朝の間維持された。これで、北苑茶を飲むのは皇帝が享受する権利となり、北苑茶は遠からず皇帝の権威の象徴となった。皇帝は1155年、国難によりすべての貢物を中断する状況になっても北苑茶はあきらめなかった。

　北苑茶が育つ福建地域で生産される茶は、龍・鳳・石乳・的乳・白乳・頭金・蠟面・頭骨・次骨・末骨・麤骨・山挺の12等級に分けられた。石乳以下は民間でも製造され、一般的に販売されたが、龍茶と鳳茶はもっぱら宮廷の茶だった。

　宮廷茶を生産する北苑では常に品質を向上させ、最上の茶を作り

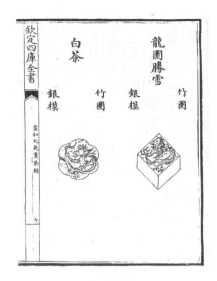

白茶と龍團勝雪

続けた。龍茶を超える小龍團が仁宗の時代に製造され、再びこれを
超える瑞雲翔龍が作られた。以前の茶を凌ぐ茶を製造することがく
り返されたことで徽宗が絶賛した白茶が作られ、白茶を超える龍團
勝雪が作りだされるまで40種類余りにもなる茶が宮廷に献上され
た。これらの茶は、民間では目にすることすらできなかった。この
40種類の宮廷茶は、大部分が小芽と呼ばれる雀の舌や鷹の爪のよ
うな形の、まだ開いてもいない新芽で製造された。その茶葉である
原料すら貴重極まりなかった。

　茶の新芽の等級は小芽・揀芽（中芽）・紫芽の順で区分されたのだ
が、小芽は雀の舌や鷹の爪のようにとがった形で芽茶ともいった。
揀芽は一槍一旗、紫芽は一槍二旗だった。ここで水芽という新しい
茶葉の等級が生まれたのだが、それは絶対等級の差だといえる龍團
勝雪が作り上げられる過程で誕生した。

40種類にもなる宮廷茶のすべてが、民間で生産するには難しい方式で作られた。その中でも龍團勝雪は非常に特別な方式で製造された。1120年に鄭可簡が、蒸して熟させた茶葉を水中に入れて内部にある一つの芽の芯だけを選別し、そのやわらかくて薄い銀色の糸のような形をした銀線水芽という新しい茶を作りだし、完成したものが龍團勝雪だ。龍團勝雪は1寸2分（約3.6cm）四方の大きさで製造し、曲がりくねって昇天する龍の模様を銀で彫りつけて作った竹の箱に詰めた。直径が4.5cmの丸い形態の白茶1個、または3.6cm四方の四角形の龍團勝雪1個を作るために、約3万銭の費用がかかったというから、驚くべきことである。

兵糧と茶

　茶の消費が普遍化されると、茶は国家の有益な財源として活用された。宋の茶の専売はそのような積極的な国家の活用方式が織り込まれた政策だった。宋の茶の専売は、建国直後の962年、茶の生産地である淮南地域に専売機構を設置したことから始まった。宋が中国を統一するまでには17年という月日がかかったので、その間、江南の茶は輸入品だった。その前の時代から江南の茶は江南商人によって華北地域に供給されていた。

　宋の太祖趙匡胤（ちょうきょういん）は964年、京師と揚子江以北の沿岸に専売機構を設置して交易を統制した。既存の江南商人は華北地域に茶を運んできて販売しながら大きな利益を得ては帰っていったりした。宋の太祖は、これらの商人に身辺の安全が保障できないという理由で国境を越えられないようにした。国境に設置された専売機構である榷貨務（かくかむ）に商品をすべて渡させるようにしたのだ。このようにして宋の朝廷は江南商人の利益を国家財政に取り込み、これは統一後も基本

的な方式となった。揚子江を境界にしてその以北地域としての販売を掌握しながら利益を追求する方式は、当時、宋朝が施行した茶の専売の基本的な形式だった。つまり、全国統一を遂げる前にすでに茶の専売の基本形式が完成されたという話だ。

　揚子江沿いに設置された権貨務では華北商人に茶を再び払い下げた。特に兵糧調達が重要な時期には、商人に兵糧の運搬を任せたりもした。その代価として希望する専売品の販売権を渡した。商人たちは海州に設置された権貨務で払い下げられた茶の販売権をもっとも好んだ。江南の良い茶が主に集められていたためだ。また、唯一揚子江以北ではない淮水以北に設置され、重要な茶の販売地域である華北への進入が容易なためでもあった。遠くて難儀な地域に兵糧を運搬すれば、いい茶の販売権をひとまず割り当ててもらえた。この方式は、役人が兵糧を運搬するのよりはるかに効果的だった。つまり、利益がある所に商人がすばやく動くというのは永久に不変の真理なのだ。

軍馬と茶

　長い間「絹馬貿易」の象徴とされてきた中国と遊牧民族間の貿易は、11世紀に至ると公式的に「茶馬貿易」に変わった。これは、中国の絹の輸出量が衰退したためではなく、新しい主力貿易商品として茶が登場したためだ。遊牧社会の茶の需要が増加すると、宋は軍事的に重要な馬を購入するために茶を活用することにした。つまり馬の購入をより円滑にする目的で、遊牧民族がもっとも望む茶を優先して使うという政策をたてたのだ。

　茶は、周辺の遊牧民族の間ですでに以前の王朝である唐代から普及していた。そして、次第に遊牧民に好まれる飲料から必須飲料へ

として発展していった。遊牧民族が食生活でもっとも苦労するのは
ビタミンの補給だった。移動生活をしながら食物を栽培して収穫す
るということが容易ではなかったからである。ビタミン不足で発生
する壊血病は、彼らを悩ませるもっとも恐ろしい病気でもあった。
しかし中国から輸入された茶が、ビタミン不足によって発生する疾
病の頻度を下げてくれた。それ以外にも消化を助けるなど、薬理的
作用を持った茶は、動物性食品を主に食べる遊牧民にとってたいへ
ん有用なものだった。そこで次第に遊牧民にも、茶は必ず飲まなけ
ればならない飲料として位置づけられていった。

　すでに8世紀の唐代の記録である『封氏聞見記』に、回紇（モン
ゴル高原と中央アジアで活躍したテュルク系民族）が、大挙して名馬を駆
り立てやってきて茶を買って帰ったという記録がある。9世紀初頭
の記録である『唐國史補』には、西蕃に使臣としてきた中国の官吏
の前で贊普（吐蕃王の称号）が、自分が持っている中国茶を自慢した
話が載っている。このとき贊普は様々な中国産の茶を持っていたの
だが、淮南茶だけでなく四川茶から江南茶まであらゆる茶を持って
いたという。茶は支配層のコレクションだけに終わらず、時がたつ
と遊牧民全体が茶を嗜むほどになっていった。宋代の周辺の遊牧民
社会では茶を「茶米」と呼んだ。病気にかかっても茶を利用して治
療し、昼夜を問わずなくてはならないものになっていった。

　960年に建国された宋は、中国の代々の統一王朝のなかでもっと
も領土が狭かった。また当時は、遊牧民族の活躍がめざましいとき
で、アジアの国際秩序の中心は北方にあった。戦争でも機動力が決
め手となる騎馬戦で勝負が決定した。宋は存続している間ずっと契
丹、西夏、女真と終わりのない戦争を続けなければならなかった。
いつの時代よりも国防問題が最優先事項の時代だった。経済力は強
いのだが軍事力は弱いという説明はたいへん矛盾しているように聞

こえるが、宋の状況がまさにそれだった。当時は戦闘馬の確保と騎馬術が、軍事力で優位に立つ要であった。農耕民が遊牧民の騎馬術を超えるというのは難しいことだった。そのうえ、戦闘用の馬を自給するのも難しかった。いつの時代よりも安定した馬の確保が切実だった宋は、その必要性に合わせて遊牧民族にとっても切実に必要だった茶を、交易対象物品として活用した。

　これによって宋は1074年、茶馬貿易を公式なものとした。この貿易は、茶と馬を対等に交換する方式だった。馬は、宋がもっとも優先度の高い輸入品目であり、茶は周辺の遊牧民族にとってももっとも優先されるものだった。馬と茶の交換方式は、馬1頭と茶1駄（100斤）を基準として始められた。馬と茶の等価は状況によって変わった。辺境地域の緊張が緩和したときは馬の価格が下がったが、全般的に茶の価格が下落する現象がもっと多かった。官吏の腐敗とともに、麝香、宝石などのぜいたく品の購買を通して茶が無制限に周辺地域に流出したことも、馬の購入用の茶の価格下落の一因として作用した。運営にはいくつも問題点があったが、茶馬貿易は周辺地域の融和政策にも効果が高かったため、以降も持続的に施行された。

葉茶の
時代へ

煎茶

　中国の茶文化は緑茶、そのなかでも緊圧茶から始まり、その後し
ばらくの間は緊圧茶を粉にした末茶を飲んでいた。しかし 15 世紀
になると末茶を飲む習慣はなくなり始めた。丘濬（きゅうしゅん）は『大學衍義補（だいがくえんぎほ）』
で、元の時代までは末茶が主流だったが明代になると葉茶が主流と
なり、次第に末茶が人々の記憶の中で薄れていくのをこう記録し
た。

　　元の国の記録には、むしろ末茶があると記されている。今は福建（びん）
　　と廣東、廣西地域の間のみで末茶を飲用する。現在、中国では葉茶
　　が普遍的に飲用されている。周辺民族も末茶があったという事実を
　　知らない。

末茶が消えていった決定的な契機は、團茶製造の禁止にあった。團茶は緊圧茶を称するものなのだが、時代によって餅茶、片茶など様々な名前で呼ばれた。唐・宋代以来、緊圧茶の形態で保管していた茶葉を粉にして飲む方式が、茶を飲むときの主流となった。明の太祖朱元璋は製造工程にかなりの苦労が必要な團茶の製造を中止し、葉茶を献上させた。したがって時代によって餅茶、片茶、團茶などの名前で呼ばれた緊圧茶は歴史の中に消え去り、代わりに葉茶を水に浸して飲む泡茶法が主流となっていった。

　だからといって葉茶の形態の茶が、このとき初めて製造されたのではない。8世紀に著された『茶経』にもすでに散茶という名称の葉茶があった。『茶経』によると、当時、茶の主流には觕茶、散茶、末茶、餅茶があった。觕茶は粗茶ともいい、粗い茶葉で作る。ただし、その形態がどのようになっているかはわからない。散茶は、餅茶と相対する概念の茶で、塊ではなくばらばらになっている茶葉の形態そのものの茶だった。末茶は文字通り粉にした茶を指した。

　『茶経』が著された唐代には蒸製法で茶を作った。長く保存できるために遠いところまで持っていって交易できる茶は、蒸製法で作られた餅茶だった。当時、蒸製法が茶を作る唯一の方法というわけではなかったが、重要な方式であり、その後も宋・元代の14世紀までは蒸製法が主流となった。

　蒸製法で茶を製造する過程も『茶経』に詳細に記録されている。茶は菜、蒸、搗、拍、焙、穿、封の7工程にわたって作られる。まず、陰暦2月から4月の間の晴れた日に茶葉を摘み取って甑で蒸したあと、臼に入れて搗く。搗いた茶葉を丸や四角、または花の形をした型に入れて形状を作る。竹で編んだ握り手がついた篩の上に形状が崩れないように茶を広げて乾燥させる。錐で中央に穴をあけて

竹の棒に茶を通して火にあて、乾かす。その後、もう一度、竹や楮（こうぞ）の樹皮をよって作ったひもに通し、竹を編んで紙を貼りつけて作った保管箱に吊り下げて保管する。この保管箱は二段で構成されていて、上段は茶を置いて保管する場所として使い、下段は埋め火を置いて火種とする。江南地域では梅雨の時期になると湿気が高くなり、茶が腐りやすかった。これを防ぐために必要になるたびに保管箱の下段に埋め火を置いて茶の乾燥状態を維持した。

　茶を作る方法は蒸製法から炒製法に発展した。唐代にも煎って作る炒製法が存在したという記録が残っている。だがこれは劉禹錫の詩「西山寺院で茶を飲みながら歌う〈西山蘭若試茶歌〉」に出てくる非常に断片的な記録である。「香り立つ草むらのそばに行き、鷹のくちばしのような葉を摘む。これを炒れば香ばしい香りが部屋中に広がる」という一節が、炒製法が存在する証拠であるだけだ。よって、唐代の散茶を炒製法によるものとして見るのは無理があり、ただ炒製法がすでに唐代から一部の寺院によって伝承されたという事実はわかる。そうして宋・元代から明代にわたり、散茶を作る主たる方法として確立されたと理解すべきだろう。

　宋代には、茶を片茶と散茶に区分し、片茶の中でも福建の臘茶（ろうちゃ）が有名だったので、さらに別に区分したりした。散茶は草茶ともいい、もっとも代表的な生産地は兩浙（りょうせつ）［浙江の両岸、浙東と浙西の総称。現在の浙江省と上海市を含む江蘇省、福建省の一部］だった。茶は形態が固形茶である緊圧茶と葉茶、末茶があったのだが、緊圧茶は餅茶・片茶・團茶・爪茶・臘茶などを包括したものだ。葉茶は散茶と草茶を含み、末茶はそれが本来緊圧茶であろうとなかろうと、茶磨や茶碾などの茶を挽く道具を利用して粉状にした茶を意味した。

　茶葉を炒る炒製法が部分的、もしくは地域によって相当広まっていたとしても、茶葉を蒸し上げる蒸製法による茶の生産が、依然と

して主流だった時期には緊圧茶でも葉茶でも飲むときにはたいてい
すりおろして粉状にした。つまり、形態的に分類するとき、末茶が
存在していたとみることができる。また、末茶の存在は茶を飲むこ
とがかなり大衆的であったという事実を映しだす代表的な証拠だ。
つまり、毎回飲むたびに茶葉をすりおろすのは煩わしくもあったは
ずで、経済的に余裕がない人にとって茶をすりおろす茶具まで備え
なければならないのは負担だったはずだ。そこで多くの人があらか
じめすりおろされて売っている茶を手軽に買って飲んでいたのだろ
う。このような末茶の存在は、中国での茶文化の普及と発展の程度
を証明するひとつの要素だといえる。

　初期に茶が餅茶のような塊だったというのは、製造時の貯蔵技術
と密接な関連があった。ほどよい水分含有量を維持できる技術が未
熟であったため、乾燥しすぎて葉の形状を維持できなくて砕けるこ
とを防止するために塊の形で作ったのだろう。そのうえ塊の形状
が、保管する上で便利だという点も考えられたはずだ。その後、散
茶の形態が出現するのだが、これは茶の製造技術がかなり発展した
ことを意味する。

　茶を作る方法は蒸製法から技術の発展によって蒸製散茶法の段階
に進み、その後、炒製散茶法にいたる。次第に散茶法の段階は長い
月日が流れた明代になると主流として確立された。明の太祖朱元璋
によって1391年に龍鳳團茶の製造が禁止されると、次第に餅茶は
衰退して散茶が主役となったのだが、このときが炒製散茶法が主流
として確立された時期であった。明代の茶書に炒製法に関する詳細
な記録が出てくるという事実もこれを傍証する。

　1530年頃に著された錢椿年の『茶譜』に、茶書としては初めて
炒製法が記録されている。「茶葉は空の色が澄み渡っている日に摘
み取り、炒って乾燥させる焙を正確に行わなければならない」とい

う簡略な記録ではあるが、意味は大きい。

　1595年頃に著された張源の『茶泉』と、1597頃に著された許次紓の『茶疏』には炒製法が比較的詳細に説明されている。『茶泉』には「新しく摘み取った葉から、古い葉と枝、砕けたものを選り分け、釜の幅は2尺4寸とする。茶1斤半を火にかざし、釜が熱くなったら茶を入れて素早く炒る。火力が弱くなってはならない。色づいてきたら火をほかに移して茶葉を盆に載せる。両手の力を均等にして再び釜に入れる。火を次第に弱めてほどよく乾燥させる」とある。はじめに熱した釜の温度を維持しながら茶を素早く炒るということは、酸化酵素をなくす工程であり、盆で両手の力を均等にするというのはかき混ぜる作業で、茶葉の表面の細胞組織を壊すと同時に水分の状態を均等にするという工程である。最後の乾燥作業までの3つの工程は、現在の緑茶を作る方法とさして違わない。

　『茶疏』では「新鮮な茶葉は、摘み取った直後にはまだ香りが立ち上がらないので、必ず火の力を借りて香りを発散させるようにする。しかしつらいことは耐えられないので、長時間炒るのはよくない。多量の茶葉を釜に入れると手の力が均等にならず、釜の中に長く入れておくと発酵しすぎて香りが飛んでしまう。そのうえ干からびてしまったら沸かして飲むことができない。（……）茶葉はすぐさま摘み取り、すぐさま炒る。ひとつの釜に4兩の茶葉を入れ、まず弱い火文火にさらして軟らかくしたあと、強い火武火ですばやく炒る。手の形をした棒を持って素早くかき混ぜながら半分程度発酵させる。香りがかすかにたつのを待ち、すぐに小さい扇を使って炒った茶を竹の器に移し入れる。底に木綿や大きな紙を敷いて火力を弱めながらしばらく置いておき、冷めるのを待って瓶に移して保管する」と記録されている。

　『茶疏』の炒製法技術の中で「すぐさま作業する」ということを

強調しているのだが、この点に注目する必要がある。つまり、摘み取ってすぐさま炒ってこそ味と色がいい緑茶を生産できるのだが、まさにここで発酵茶の機能を見つけ出せる。素早く作業ができなかったり、弱火の釜での作業時間が長くなってしまうと、完全に発酵作用が起こるためだ。こうして炒った茶を生産する方法が確立される過程で、初めて烏龍茶や紅茶などの様々な発酵度を持った茶が開発された。

「烏茶」に関する記録

　発酵茶の歴史がいつ始まったのかは記録がないため正確に知ることは難しい。一般的に発酵茶は明代末期から清代初期明末清初に発展したと見られる。しかし、それよりはるか前の時期に発酵茶があった痕跡が、具体的ではないが記録として残っている。

　元の国の人、方回（ほうかい）が書いた『瀛奎律髄（えいけいりつずい）』には、当時、茶の種類を地域別に列挙した内容が出てくる。彼は皇甫曽が書いた五言詩である「陸羽を見送りながら〈送陸羽〉」に対する評を書きながら、当時の茶の種類と地域的な特色、そして茶を飲む習慣について記録した。

　それによると、元の国の時代、茶の種類は末茶、餅茶（片茶）そして葉茶の形態のものがすべてあった。葉茶である芽茶・青茶・烏茶は湖南と西川、江東、浙西地域で製造されていた。ここで芽茶、青茶、烏茶をどのような種類として見るかによって発酵茶としての機能を推定できる。チャノキの品種による名称でないなら、青茶と烏茶を、そうでなければ烏茶だけを発酵茶として解釈できる。

　茶葉を摘んで茶を作る過程で、手間がかかって時間がとられることはたびたび発生しただろう。そうなると酸化作用が発生して、茶葉内の化学成分が大きく変化しながら茶葉の色が褐変（かっぺん）するの

だが、まさにここから発酵茶が始まったはずだ。

　明代の初期には蒸製烏茶を作り、羌族［チャン族］の馬を購入したりもした。明の太祖朱元璋は1388年、天全六番招討司管轄の8地域の住民に徭役を免除して烏茶を作らせるようにし、これを馬と交易して大きな利益を得た。宣宗が治めていた1430年にも同じ地域に烏茶と芽茶について同様の処置をとったという記録が残っている。

　清代の黄叔璥が著した『臺海使槎録』には、福建の漳州と泉州を中心としてある商船の貿易活動についての記録が残っている。それによると、茶は主に建寧で船積みされ、東北地域に行って販売していた商品の中に烏茶と黄茶があった。ここでいう黄茶は1760年に朝鮮に漂流してきた中国船舶にぎっしりと積まれていた黄茶と同じものに違いない。当時、李徳履は漂流船に積まれていた茶の形について「茎がいくつもの節がある長さのものもあり、葉が4、5枚ついているものもある」、「槍のようにとがった枝がすでに長く育っているのを見ると、けっして早春に摘んだものではない」と描写した。このような格好で見るに、このときの烏茶と黄茶は大衆向けの廉価な茶であったのだろう。また、黒くて黄色い色が茶の名前として使用されているのを見ると、緑茶というよりはある程度発酵した茶であったと思われる。

烏龍茶

　私たちは、大方の中国人は烏龍茶をたくさん飲むと思っている。しかし、中国人が実際に消費する茶の中で、烏龍茶が占める割合はそれほど多くない。烏龍茶は福建、広東などの中国南方地域と台湾で生産されるのだが、中国で生産される茶の7％程度、世界の茶の

生産量では2％しか占めていない。それでも烏龍茶が中国を代表する茶であると知れ渡ったのはなぜだろうか？

　生産量も多くなく、消費地域も制限されている烏龍茶が、中国人が主に飲む茶として知られるようになったのは近代以後、外部との交流が主に港を介して成り立ったという事実に起因する。茶を意味する各国の単語が、広東語と福建語の二つの系譜を通して整理されたという事実もこれと同じ流れである。廣州と厦門などの中国東南沿岸の港と東南アジア沿岸の地を舞台にして中国商人、特に福建商人が活発に動き、ここにあらゆる国の商船が集まっていた。南方の中国人が嗜んでいた烏龍茶は、このような交流を通して中国人の茶として知られ始めた。

　烏龍茶を中国南方地域の人が好んで飲んでいた理由は、生産地域が南方に偏っていたという理由のせいだけではない。烏龍茶は濃厚な花の香りがあり、飲むと口の中がさっぱりして爽やかな感じがする。烏龍茶が持つ風味が、湿気があって暑い南方地方に適していたのである。

　烏龍茶は青茶とも呼ばれる、10 〜 70% 程度発酵させた半発酵茶だ。黄褐色から赤茶まで種類によって多様な色が出て、緑茶に比べて渋みが弱い。これは発酵によって渋みを出すカテキンの含有量が減少し、それと関連した化合物が生成されるためである。そのため甘くて重厚な後味がする。また、自然の花の香りと果物の香りを含んでいるので、味に劣らず香りが強調される。また、何回淹れても香りが残っている。この香りをつくるために、葉が軟らかい一芯一葉や一芯二葉ではない、十分に育った一芯三葉の成熟した葉を摘んで烏龍茶を作る。茶を小さい茶壺と小さい杯に注いで濃く飲む中国人の習慣も、香りを楽しむこの烏龍茶が起因したのだろう。中国の茶具に、飲むためのものではない聞香杯があるのを見ると、中国人

がどれほど香りを重視したのかがわかる。

　烏龍茶の起源は武夷岩茶（ぶいがんちゃ）の記録とともに始まったと思われ、その時期はおおよそ16世紀後半くらいだ。この時期に蒸さずに炒って作る炒製法による緑茶の記録も同様にあることから、炒製法の誕生で多様な茶を作ることができる技術が可能となったことがわかる。

　烏龍茶が、最初どう作られたのかについてはいくつかの話が伝えられている。烏龍茶の葉は大きくてくるりと巻かれた形なのだが、色がカラスのように黒く、龍のように曲がっていたので烏龍茶と呼ばれるようになったという説があり、福建省安溪縣に住んでいた農夫蘇龍の別名からつけた名前だともいう。山里で茶の栽培をしながら生活をしていた蘇龍は、顔の色がカラスのように黒くて「烏龍」と呼ばれた。彼がある日摘み取った葉をまだ処理できずに日が暮れ、葉がしおれてしまったのだが、その葉で作った茶が以前作ったものよりはるかにおいしかったという。そこでそのまま少しずつしおれるようにして作った茶を売るようになり、人々はその茶を烏龍が作った茶なので烏龍茶と呼んだというのだ。また、別の説もあり、福建省沙縣には茶畑にしょっちゅう黒い蛇が出没したという。この蛇のせいで茶を作る過程に遅れが生じて以前と違う茶ができてしまった。人々がこれを吉兆ととらえて茶の名前を黒蛇茶としたのだが、さらに良い意味もあって呼び名としても適している烏龍茶と替えたという。

　このような話は、新しい製造方式が作られる時に、偶然のきっかけが作用したという事実を示している。しかし福建地域で烏龍茶を初めて作ったのが前述したような、ただの偶然だけで生まれたということでは決してなかった。福建はチャノキが育つのに適合した自然環境があり、歴史的にも新しくて優れた茶をとどまることなく作ってきた地域だった。

福建地域は 85% が山と丘陵で成り立っていて有効土層が 1 m 以上あり、土壌の酸度も ph4.5 〜 6.5 程度で、チャノキが育つのに適している。しかし茶を除くと、ほかの穀物を栽培する平地はかなり不足した状況だ。そのため、経済作物の栽培が発達し、港を抱えているので早くから産業も発達した。歴史的に見ても福建は、経済作物を売って食料作物を購入することで、地域内の食料問題を解決しなければならない地域だった。つまり経済作物の栽培とその技術の発展および確保に、非常に積極的な性向が強かった。そして茶もやはり、かなり前からこの地域の代表的な経済作物だった。

　福建では唐代に臘面茶に続いて研膏茶を作りながら、龍脳の香りを加えた香茶も作っていった。宋代には御茶園が設置され「天下一品」という臘茶を生産した。皇帝のための茶の種類だけでも龍鳳から銀線水芽、龍團勝雪などに至るまで 40 余種類にまでなった。明末清初になると、烏龍茶と紅茶もこの地域で作られた。このように福建は絶えまなく茶を作り続けながら、茶の発展を導いてきた地域だった。新しい茶の誕生は偶然というより良い味と香り、色を持った茶を作ろうとする福建の人の努力の産物だった。

　烏龍茶は生産地によって福建烏龍茶、広東烏龍茶、台湾烏龍茶に区分される。福建烏龍茶は閩北（閩は福建省を意味する）武夷山でとれる大紅袍と閩南安溪縣の鉄観音が有名で、台湾の凍頂烏龍茶は世間に広く知れ渡っている。

韓国の
茶文化の
ながれ

伽耶から
新羅まで

茶文化の
形成と発展

「このときになって盛んになった」

　韓国の茶文化は十分に研究されその詳細が明らかになる前に、ま
ず定説ができあがっていた。朝鮮の儒教政策によって、仏教ととも
に茶文化も衰退したという観点がそれである。このような観点は貧
弱な論理基調の上にあるものの、説得力をもっていた。それは朝鮮
時代に茶文化が衰退したという事実と合わさって、そのまま認めら
れてしまった。近代以降、茶文化が私たちの生活とかけ離れていた
こともこのような結果を導き出す原因となった。

　韓国の茶文化に対するこのような理解は、日・中・韓三か国の茶
文化を比較してみるとき、特異な現象だ。中国では新儒学が発展し
た時期に茶文化はより発展した。日本も社会の主流となる思想の変
化と関係なく、茶文化はたゆまず発展した。よって韓国には茶文化

と関連した内在的な独自の環境があったとしか思えない。それは茶の生産と供給問題から探り出すべきだろう。

『三国史記』には茶に関連した状況を示す意味ある記録がひとつ登場する。「このときになって盛んになった」という、統一新羅時代の記録だ。このときとは9世紀初期を指す。内容は次のようなものである。

> 828年の冬、12月に興徳王は使臣団を唐に送って朝貢した。唐の文宗は使臣団を麟徳殿(インドクジョン)に招いて宴席を設け、下賜品を身分に応じて授けた。使臣大廉(デリョム)が茶の種子を持ち帰ってくると、王は智異山に蒔かせた。茶は善徳王(ソンドク)（善徳女王、632～646年在位）の時代からあったが、このときになって盛んになった。[1]

この記録は一般的にチャノキの栽培の始まりを伝えるものとして解釈できるが、疑念を抱かざるを得ない。まず、王が栽培する場所を指定したという点が疑わしい。また興徳王の時代に国内でチャノキを栽培しはじめていたら、善徳女王の時代からあった茶はすべて輸入品と解釈しなければならない。実際、大廉が中国から種子を持ってくる以前、国内で栽培をしていなかったと見るのは難しい。チャノキの栽培に関する早い時期の記録はないが、元々国内で栽培がされていたと見られる確実な証拠のひとつは、新羅の文武王(ムンム)が661年に下した首露王(スロ)の祭祀に関する調書の内容だ。これについては詳しく後述するが、いずれにせよ7世紀にすでに首露王の祭祀に茶を使用したということは、茶の国内栽培を意味するものだ。なぜならば、質素を強調していた首露王の祭祀に、中国産の茶を使用したと見るのは難しいからだ。

つまり828年に大廉が茶の種子を持ってきたのはチャノキの栽培

の始まりというより、中国産のチャノキの品種の導入と見るのが正しいだろう。より良い茶を生産するために新しい品種の種子を導入したのだ。さらに、当時の記録には残っていないが、次の時代の状況と結びつけてみると、大廉の種子の購入は非公式なことであったはずだ。唐の文宗の下賜品ではなく、大廉が任意で買い求めたものとして見るべきである。唐の皇帝は絹を下賜しても蚕は下賜しなかったように、茶を下賜しても種子やチャノキは下賜しなかった。

　高麗時代末期、文益漸（ムンイクジョム）の木綿の種子の流入と同じように、大廉の茶の種子も似たような方法で国内に入ってきた可能性が高い。中国は商品価値が高いと思われる場合、早くから商品管理をしていた。これは記録にも残っているが、法律が制定されたのは次代の王朝である宋になってからだ。宋代には茶の種子がまず持ち出し禁止品目として定められ、続いてチャノキの苗木も国外に持ち出されることを厳格に禁止した。このような状況はすでに（中国で）茶の専売が始められた780年から基本的に形成されていただろう。したがって、大廉が茶の種子を持ってこられたのは、中国が提供したのではなく彼の任意の行動だったと見るのが現実的だ。

　このときに持ってきた茶の種子から、中国品種のチャノキが栽培できたかどうかはわからないが、これが中国産チャノキの初の導入には違いない。また、茶は7世紀の善徳女王の時代にすでにあったということなので、当時、智異山地域が代表的な茶の産地だったこともこの記録で確認できる。そして7世紀から茶があったという表現と、9世紀に盛んになったという表現から、茶を当時どの程度飲んでいたかが推測できる。7世紀には茶を飲んではいたが、その範囲は生産地中心あるいは新羅国内という狭い範囲であっただろう。しかし三国統一が成された9世紀には生産地から遠く離れた地域でも茶を飲んでいたと解釈できる。

韓国の茶文化を論ずるとき、重点的に見なければならない問題が２点ある。ひとつは韓国で茶をいつから飲んでいたかということだ。そして、もうひとつは９世紀に盛んであった茶文化は具体的にどのようなものだったのかということだ。まず、茶をいつから飲んでいたかということは韓国の茶の起源に関する問題だ。『三国史記』にあるように、善徳女王の時代より以前の記録がないという事実が、茶の起源を議論するときに立ちはだかる。だからといって善徳女王の時代に初めて茶を飲み始めたと断言はできない。それは、『三国史記』のほかには資料がないからである。

　茶を飲用していた地域の範囲を広げようとする人は、高句麗の茶について話したがる。青木正兒という日本人が自著で「高句麗の古墳から出土されたという餅茶のかけらを持っている」と書いていたが、その餅茶の行方と真偽はわからない。青木は、直径４cm程度で重さは５分ほどの葉銭の形の小さくて薄い餅茶の標本を所蔵していて、その餅茶が高句麗の古墳から出土されたものだという。だが問題は、高句麗の古墳から出土されたことを彼が直接確認したのではなく、伝え聞いたということだ。

　高句麗には地理的に見てチャノキが生育できる地域はないので、高句麗人が茶を飲んでいたとするなら、その茶は外部から流入された物であるしかない。仮に交易による流入があったとしても時期的に見たとき、高句麗の茶の飲用は特別な場合に限定されるしかない。青木が持っているという餅茶の標本に関する記録は、その真偽が不確実でもこれを認めるとしても、それは支配階層の副葬品に該当する物なので、やはり高句麗では茶の飲用が限定的だったという傍証になる。ほかの記録や証拠が確保されるまでは、高句麗の茶の飲用に関する議論はこれ以上の展開が不可能である。

　現在探し出せる記録は、ほぼ善徳女王の時代以降のものである。

元暁大師と瑤石公主の間に生まれた薛聡が、神文王（681〜691年在位）に説いた忠告文として有名な『花王戒』には「茶と酒で精神を清める〈茶酒以清神〉」という一節があるのだが、これによって新羅の朝廷では酒とともに茶を飲んでいたことが確認できる。

王室以外で茶を飲める場所は寺院だった。僧侶が飲む以外には、寺院の法要の際に茶が用いられたという記録が残っている。神文王の息子である寶川と孝明の２人の皇子が五臺山で修道しながら茶供養をしたという記録や、景徳王（742〜765年在位）に茶を奉納した忠談師の話、『兜率歌』を著して奉納した月明師に景徳王が下賜した茶の話が挙げられる。

注目される伽耶の茶文化

韓国の茶文化の起源を伽耶文化のなかから見つけ出そうというのは、地理的にも時期的にも妥当性があるアプローチだ。そのアプローチのもっとも根本的な糸口は新羅の文武王が661年３月に開いた、伽耶の首露王の祭祀に関する詔書から始まる。

「始祖首露王は、私（文武王）にとって15代祖になる。その国はすでに滅亡してしまったが、彼が葬られている墓は今も残っているので宗廟とあわせて、継続して祭祀を執り行う」と言った。
そのため昔の宮殿跡地に使者を送り、墓の近くの豊かな土地30頃［土地の単位。１頃が3,000坪］を公費でまかなうとし、王位田と呼んでその墓に付属させた。首露王の17代子孫廣世級干が朝廷の意を受けて王位田を主管し、毎年祭祀のたびに酒と甘酒を造り、餅、飯、茶、果物など様々な美味を取り揃えて祭祀が途絶える年がないようにした。

始祖王の祭祀の食事を酒と甘酒、餅、飯、茶、果物などで準備したことは実に質素に見える。これより前に金庾信が三神に百味、つまりありとあらゆる食事を供えて祭祀を執り行ったことと比べるとかなり質素に感じる。当時すでに祭祀の規模が非常に多様であったことがわかる。首露王のおりおりの祭祀は大きい規模ではなかった。準備した食事に肉類が含まれていなかったのと、茶があることは注目に値する。このふたつはすべて仏教的な特質と一致する。

　伽耶はチャノキが生育する地域であり、祭礼のときに茶を用いていたという事実をベースにして、伽耶文化から韓国の茶文化の起源を探ろうという努力は、合理的なアプローチだ。中国と日本でも茶文化は生産地から始まったのではなかっただろうか。賡世級干が毎年首露王の祭祀を行うときに酒と餅、飯、茶、果物などの食事を取り揃えたという前述の記録から、茶を飲むようになった由来を調べることがこれからの課題となるはずだ。はたして茶の飲用が、伽耶地域古来の風習に由来したことなのか、首露王の祭祀が再開された文武王の時代の仏教文化および供養の様式と関係し、当時の風習として広がったことなのかについての考察が必要だ。しかし現在の段階では、十分な資料がみつからないという問題にぶつかっている。

神話と歴史の間

　伽耶国の始祖首露王に関する記事の内容は、神話と歴史の間に位置づけされている。首露王は 42 年に卵から生まれた。44 年に伽耶が建国されたのが 2 歳のときのことだった。6 歳になった 48 年に 10 歳年上の阿踰陀国［インドのサータヴァーハナ朝］の王女許黄玉と結婚して伽耶を導いていった。伽耶国の形成を反映した話だが、ど

こまでを事実として受け止めればいいか曖昧だ。伽耶は連合体制を
とっていて、首露王は繁栄のために外部の海洋勢力と連合したとい
うことが歴史上の事実だ。

　許黄玉がインドの阿踰陀国の王女だとあるが、『三国遺事』にあ
る彼女が贈り物として持ってきた物はすべて中国の物だった。ま
た、彼らが国を治めながら導いた方針も中国的なものであった。つ
まり許黄玉を筆頭にした勢力がインドから来たと特定するのは難し
い。だが、彼らが海洋を通じて伽耶に外部の先進文明を取り入れた
勢力であることには違いない。

　しかし、韓国の茶文化の起源に関連して許黄玉は飛躍的な論理展
開が生まれる起点となった。この展開は飛躍的なだけに、ひどく魅
力的に迫ってくる。それはまさに李能和の『朝鮮仏教通史』（1918）
の記録から始められた。李能和はこの本に金海地域の竹露茶は、
首露王妃の許氏がインドからもってきた茶の種子が起源であるとい
う口承を記録した。この話は首露王とインドの王女という魅力的な
要素のおかげで、いともたやすく評判になって知れ渡った。阿踰陀
国の王女許黄玉がインドから持ってきたという茶の種子の話は、20
世紀初期の記録であり、金海地域で 2000 年近くの間、脚色されて
できあがったものだった。それだけに興味津々に聞こえるが、一方
で事実との乖離は相当大きくならざるをえない。

　インドでチャノキを栽培して飲み始めたのは英国の植民地支配の
ときだった。その前にインド人が茶を飲んだという証拠はなかなか
見つけられない。また、仏教と茶は東アジア社会で非常に密接に関
連づけられているが、「仏教がインドから入ってきたように、茶も
インドから入ってきた」と見ることができる証拠はない。茶は仏教
が東アジア社会に流入し、土着文化と交流する過程で入ってきたも
のとして見るべきだ。つまり、外来宗教である仏教と東アジアの土

着文化が融合された性質のものなのだ。

王建[ワンゴン]の贈り物、茶

　931年2月も南方からの春の便りが近づいていただろう。高麗の太祖王建は簡素に50人の騎兵だけを随行させ、春が到来した南方の慶州[キョンスン]に向かった。すでに新羅の敬順王の2回目の要請があったところだった。新羅人にとって王建の簡素な行列は驚きだったが、親善的な行動に見えた。その何年か前、甄萱[キョンフォン]が軍隊を率いてきて景哀王[キョンエワン]を弑逆[しいぎゃく]し、手当たり次第に略奪しながら凶悪な振る舞いをして帰っていったことが生々しい記憶としてあったからだ。しかし王建のこのようなおとなしい訪問は意図的なもので、結果的に非常に効果があった。

　新羅の王は百官を送り出して郊外で王建を出迎えるようにし、自身も城門の外まで出て彼を迎えた。王建は3か月程度新羅の王室にとどまった。5月には敬順王と王妃、そして何人もの新羅の官僚に贈り物をした。贈り物をした行為は、新羅の王室に親王建派を形成するためのものでもあり、いつの間にか新羅の王室と同等もしくはそれ以上だということを暗黙のうちに確認する作業でもあったはずだ。

　新羅から帰ってきて夏が過ぎ、秋になると王建は新羅の王と百官、軍民と僧侶に再び贈り物をした。新羅の王には鞍をつけた馬と綾羅錦繍[りょうらきんしゅう]を、百官には彩帛を、軍民には茶と幞頭を、僧侶には茶と香を贈った。

　ここで注目されるのがまさに茶である。この記録は『高麗史』と『高麗史節要』に記されている茶と関連した最初の記録でもある。931年に高麗はまだ茶の生産地を確保できていなかった。羅州地域[ナジュ]

で茶の生産が可能だったが、930年から935年の間に羅州と西南海は後百済の影響圏にあった。つまり、このとき王建が新羅に贈り物として送った茶は絶対に高麗で生産したものではなく、交易で入ってきた茶であろう。新羅から交易で入ってきたものをわざわざ新羅に贈り物とはしないはずで、後百済地域とは交易が成立しにくい状況だった。このような状況とともに贈り物という意味で見たとき、高麗の王建が使った茶は、交易を通して入ってきた中国茶の可能性が高いのではないだろうか。

崔到遠の文の中に表れる茶

中国茶は以前からすでに国内に入ってきて流通していた。崔到遠が残した碑銘の文から、その状況を確認できる。聖住山門の開祖無染禅師の功徳を称えた萬壽山の「聖住寺 朗慧和尚白月葆光塔碑」と、新羅の高僧慧昭の功徳を称えた智異山の「雙磎寺 眞鑑禅師塔碑」に、新羅の茶文化を探りだせる崔到遠の文が記録されている。

まず朗慧和尚・無染の行跡の一端を調べてみると、無染は新羅の46代文聖王と47代憲安王から手厚い待遇と尊敬を受けた。文聖王は、無染が皇子に答えた「縁があれば留まりましょう〈有縁則住〉」という言葉を大切に思い、烏合寺という寺の名前を聖住寺に替え、大興輪寺に組み入れた。このような光栄なことに対して、感謝しながらも謙遜することを無染は忘れなかった。彼は身に余る待遇を受けていながら、自身を「見掛け倒しの集まり[3]」に加わった「風をよける鳥[4]」と比喩し、「霧雨の中に隠れている豹[5]」である真の君子に対して恥ずかしいことだと記した。

このような無染の表現を見ても、彼がいかに高い学識を備えてい

たかがわかる。学識に加えて謙虚な心も備えていた高邁な僧侶だったので、名声は高まるばかりだった。憲安王は即位前から弟子として礼儀をわきまえ、無染に一度も欠かすことなく、毎月茶と香を送っていたという。

　王が茶を下賜品として用いたという事実は、すでに神文王の時代に薛聡が書いた『花王戒』と、景徳王の時代の忠談師の逸話から知ることができる。新羅には高邁な僧侶に茶と香を供しながら、尊敬の意を表して功徳を積む風習があった。

　僧侶に茶と香を捧げる行為は、王だけにできることではなかった。寺を訪れて僧侶と交流するあらゆる人が尊敬の意を表そうと、僧侶に茶と香を贈った。眞鑑禅師慧昭を見ても同じような事実がわかる。

　慧昭は素朴で淡白な僧侶だった。身分が高い人や低い人、年老いた人や幼い人と接するときも、終始一貫して差別しなかった。慧昭を訪ねる人の中には、その高い法力を身につけた慧昭に祈願を依頼したり、さらに心を込めて祈ってもらえることを望んだりする人、もしくは崇高な尊敬心から、より良い茶と香を贈る人がいた。彼らが選んだ茶と香は貴重で高価な中国のものだった。

　これに対して慧昭は物質にこだわらない姿勢を見せた。香をもらうとそのまま埋火の中に入れて燃やしながら「私はこれがなんの匂いなのかわからない。ただ、心を敬虔にするだけだ」と語った。中国茶をもらうと粉状にもせずに煎じて飲みながら「私はこれがなんの味なのかわからない。ただ腹を潤すだけだ」とも語った。中国からきた高価な茶と香をぞんざいに扱う彼の行動は、かなり意図的なものだった。供した品物の世俗的な価値など意に介さないという表現だった。いつわりのない心と真心は、物質ではなく真の物を守るところにあることを、このようなやり方で示した。

「真の物を守り、俗の物をお返しする。すべてこれと同様だ」という碑銘の文言は眞鑑禅師慧昭を見る崔到遠の視点であると同時に、当時の世相がわかる言葉だった。世間の価値に振り回されない、ひたすら心が高潔な僧侶こそ俗世間に従わず本分を守れたのであって、一般人は俗世間の影響を受けて世俗の価値を高いと思うというのだ。結局、当時は高価な物を好んで珍重するなど、世俗的価値が高く評価された時代だった。すでに交易を通じて中国の茶と香が消費されており、高価で数量の制限されたこのような商品を好む雰囲気があったことが推察できる。

　茶は交易だけでなく、中国と行き来するときにはかならず購入されるような非常に好まれる品物のひとつだった。崔到遠が唐の科挙に合格して官職にあったときに書いた『俸給の要請文〈謝探請料銭〉』⁶を見ると、彼は両親に送る茶と薬を買わなくてはならないと、こう訴えた。

　　はるかに海が立ちはだかっていて両親を養おうという思いをかなえるのが難しく……。故郷に向かう使臣がいなくて、家への手紙を託すこともできず……。そんな折、本国の使臣の船が海を渡るというので、茶と薬を買って両親への手紙とともに託そうと思います。

　当時、中国は黄巣の乱によって、国中が非常に混乱していた。つまり崔到遠も俸給がその都度支給されないなど、不安定な状況が続いた。外国人である崔到遠はさらに難儀したであろう。彼は中央と地方の財政状況がよくないことは理解していたが、個人的にとても困窮しているので俸給を支給してほしいと愁訴した。ひさしぶりに本国に消息を伝えられる機会ができたので、ついでに両親に送る茶と薬を買わなければならないというのだ。

ここでさらに判明する事実は、寺で香と茶をともに消費していたときに、一般家庭でも茶と薬を消費していたということである。寺で僧侶が、身と心を謙虚にするために香と茶を使用し、一般の人は健康のために茶と薬を飲んでいたことがわかる。医療の恩恵が不足していた時代に、薬効としての茶を飲むことは一般的なことだった。

腦原茶と
孺茶
の時代

茶文化の繁栄と
高麗

腦原茶

　腦原茶は、韓国の茶の歴史上では最初に登場する固有名詞で、高麗の代表的な地産茶である。腦原茶は王室で使用したという記録だけが残っている。高麗の王室の高位の官僚の葬祭の際の香典や、祝儀といった扶助として茶を贈ったり、元老や病にかかった官僚に下賜したりした。また、外交時にも使用された。それまではただ「茶」とだけ表記されていたものが具体的な名前で表記されたということは、茶文化がそれだけ発展したという指標と見ることができる。

　時期的に最初と思われる扶助としての腦原茶を調べると、989 年に崔承老が亡くなったときに、成宗が扶助として贈った品物の中に腦原茶 200 角と大茶 10 斤があった。その 2 年前の 987 年に崔知夢が亡くなったときも、成宗は扶助品のひとつとして茶を贈ったの

だが、記録には「茶200角」とだけ記録されている。数量が同じなので脳原茶と判断しても無理はないはずである。そして、998年徐熙（ソヒ）が亡くなったときも、王室からは脳原茶200角と大茶10斤を扶助品として贈っていたので、同じ茶である可能性が高い。995年に崔亮（チェリャン）が亡くなったとき、王室は1,000角の脳原茶を贈った。また、1004年に韓彦恭（ハンオンゴン）が亡くなったときは200角の茶を、1040年に李周佐（イジュジャ）が亡くなったときも茶を贈った記録がある。そのほかに茶を扶助品として贈った事例がさらにある。しかし「茶」とだけ記録されているので、それが必ずしも脳原茶であるとはいえない。

　このような記録を見ると、茶は高麗王室から下される扶助品のなかで不可欠な物であったことがわかる。茶は葬礼を行う際に使われる代表的な物品であったと思われる。葬礼時、供えるだけでなく、弔問客をもてなすときも茶は必要であった。

　元老や病床にある退官した官僚に、脳原茶を下賜した記録も残っている。1049年、高麗王室は80歳を超える元老何名かを呼んで便殿（ビョンジョン）で宴を催し、そのとき招待された元老のうち尚書右僕射（サンソウボギャ）である崔輔成（チェボソン）と司宰卿（チョオン）の趙顯に脳原茶30角ずつを下賜した。官僚に下賜した場合、やはり「茶」とだけ記録された事例がより多い。脳原茶が唯一の地産茶ではなかったので、脳原茶と推測するには難しく、その種類まで確認するのはさらに難しい。

　外国と交流する際も茶を贈り、1038年には脳原茶を契丹に贈ったという記録が確認された。また、1130年に金にも茶を贈った記録がある。外国との交流品として茶が使用された事例は多い。しかし、それ以上細かい事実を知るのは容易ではない。

　脳原茶という名称の由来についても様々な意見がある。まず、龍脳、つまり樟脳を使って香りを加えた茶なので、そう名付けたという主張がある。これは中国の宋代に御用茶を作るときに龍脳を加え

る方法を借用したのだろうという推測によるものだ。宋代の福建路北苑で御用茶を作るときに香りをつけるために龍脳を加えたのだが、この方法は宋の徽宗の宣和年間（1119～1125年）になると茶本来の香りを邪魔するとして、揀芽で作られた最上級品には使用されなかった。小龍團と龍團以下の茶にはやはり龍脳で香りを加えた。これは御用茶に限られたことなので、一般の中国茶に適用された方式ではなかった。中国の御用茶方式を借用したのだろうという推測が説得力に欠けるわけではないが、記録による根拠がまったくないという点がこの主張の最大の弱点だ。

　一方で、脳原という全羅南道地域の地名に由来したという主張もある。この主張の根拠は朝鮮総督府の資料『風俗關係資料撮要』の記録の中にある。『風俗關係資料撮要』では全羅南道に脳原という場所があり、ここで生産される茶なので脳原という名前がついたと記されている。また、後に忠宣王（チュンソン）の名前を冠し、「原」を「先」に替えて［“原”が忠宣王の幼名源の字と同音になるため］脳先茶（ネェソンチャ）と呼んだという記録もある。実際に『遼史拾遺（りょうししゅうい）』には、高麗の脳先茶という名称が記されている。記録に基づいたという点で説得力があるが、脳原の具体的な位置がわからないという問題がある。脳原茶のほかに地名をつけた名称が見当たらないという点も訝しい。高麗王室で扶助品のひとつとして使用された茶は脳原茶と大茶が代表的なのだが、大茶は産地よりは茶を摘み取った時期による名称である。つまり、遅い時期に摘み取った葉で作った茶を意味する。そのため、20世紀の調査記録に全面的に従うのはためらわれる。

　脳原茶は高麗王室が使用した代表的な緊圧茶だった。それがよくわかる表現が、脳原茶の数量を表す単位で「角」を使用したというものである。角は緊圧茶1斤を指す。1角に何個の塊が入るかは、茶の等級と品質によって違った。中国で龍鳳茶は8餅＝1角、小龍

鳳茶は20餅＝1角、龍團勝雪は40餅＝1角で包装された。高麗では龍鳳茶が流通していたので、1角におおよそ8個の緊圧茶が入っていたと考えられる。

　角のほかにも茶の数量を表す際に様々な単位が使用された。片、餅、斤などである。片と餅は緊圧茶の個数を数える単位なのだが、緊圧茶の種類によって大きさが様々だったのでこの単位では正確な重さはわからない。一方、角と斤は重さによって量をはかる単位で、1角＝1斤＝16兩＝600グラムである。つまり、片・餅・角は緊圧茶にだけ使用される単位で、斤は緊圧茶と葉茶すべてに使用できる。

孺茶

　高麗中期の名文家李奎報（イギュボ）は、唐の詩人李太白（りたいはく）をもじって高麗の“走筆李唐白”（ジュビルイタンベク）という別名を持つほど文化的名声が高かった。彼が多くの作品を残したという事実は、とても幸いなことだ。彼の多くの作品は混乱と激変の高麗の社会を生きたある個人の生活と、彼の周辺の状況をよく映しだしている。彼はかなりの辛党でもあったが、多くの僧侶と交流しながら茶と関連したいくつもの詩を残すほど茶を好んでもいた。

　高麗の寺院には相当自由な雰囲気があったようである。多くの文人が僧侶を訪ねて寺院に行き、酒と茶を飲みながら会話をし、詩も書いた。彼らは僧侶と信徒の関係というより、友人として親密な関係を維持したりもした。李奎報の文にも何人もの僧侶との交流、天壽寺（チョンスサ）・歸法寺（クィボプサ）・安和寺（アンファサ）など思い出に残る寺院についての内容が多くこめられている。彼は天壽寺の知覺（チガク）大禅師・鍾義（ジョンウィ）禅師・義（ウィ）禅師、安和寺の王（ワン）禅師・敦軾（トンシク）禅師・幢（タン）禅師らと冗談を交わすほどに親

密な関係を持ち続けた。彼らは貧しかった李奎報に食べ物はもちろんのこと、茶や桃などを送ってあげた。李奎報が息子を出家させるとき、息子の頭を剃ってくれた僧侶も友人のヒョンギュだった。当時は李奎報たちのように、学識高い僧侶と文人が親交を深めることは一般的だった。

　その中で智異山花開地域の雲峰にいた珪禅師は、15、6歳の頃から李奎報と友人としてすごした仲だった。彼との逸話は「雲峰の年老いた住職珪禅師が早芽茶を手に入れ、私に少し飲ませて孺茶と名付け、禅師が詩を請うたので書いた」[7]という題目の詩で有名だ。当時、李奎報の年齢は41歳。珪禅師が李奎報に早芽茶を少しだけ飲ませて詩を請い、これに李奎報がその茶に孺茶と名をつけた後、このような詩を詠んだのだろう。李奎報は続けてもう一編の詩を詠んでおり、よほどこの孺茶が感慨深かったようだ。

　陰暦十二月に降った雪の中で収穫されたと思われる早芽茶の味について、李奎報は賛辞を惜しまなかった。「雲峰の年老いた……」の内容の一部を以下に掲げる。

　　禅師はどこでこんな良いものを得たのだろうか
　　手に触れるとまず、鼻をくすぐる香りがなんとすばらしいことか
　　赤々と燃えあがる風炉の火で煎じて
　　花模様がみずから色自慢をしている
　　口の中でぬらぬらとしてやわらかいのだが、まろやかな味が
　　幼子から立ち上る乳のにおいのようだ
　　富貴な家でもお目にかかれないものを
　　禅師はこれをどうやって得たのだろうかと不思議だなあ

　李奎報は、孺茶の味が病みつきになるほどおいしくて、幼子から

立ち上る乳のにおいのようにやわらかくてまろやかだと書いた。また、早春に皇帝に捧げるために骨身を惜しまずに働き、摘んだ茶葉で作った茶にたとえ、孺茶の品質と味がどれだけ優秀であるかを表現した。李奎報は珪禅師に、春の酒を仕込んで茶を飲み、酒を飲みながら一生を送ろうという言葉で孺茶と関連する最初の詩を詠み終えた。これは親しい仲であることによる、隔たりがない表現だった。続いて２番目の詩「ふたたび前の韻字をしたため送る」で李奎報は、孺茶のように珍しい茶はむやみやたらに誰かにあげないで私に送ってくれという、ねだるようなことまでしている。

　しかし李奎報が孺茶と呼ぶ早芽茶は、珪禅師がみずから作ったものではない。李奎報も朝廷で名声の高い禅師への礼物として誰かが贈ったものではないかと推測する。２番目の詩で彼は、珪禅師の名声が高いので、多くの人が種々の貴重な物をお布施したのだが、当然香り豊かな茶も送られてきたと表現した。早芽茶または孺茶がどのような茶であるのかは、李奎報が韻をふんで書いたほかの和答詩で確認できる。「玉堂　孫得之（オクダン　ソントゥクジ）、史館　李允甫（サガァン　イユンボ）、史館　王崇（ワンスン）、内翰（ハン）　金轍（キムチョル）、史館　呉柱卿（オジュギョン）から和答詩が送られてきたのでふたたび韻をふんで和酬する[8]」という詩で彼は、孺茶がまさに中国四川の蒙頂山でもっとも早い時期に摘まれた茶であることを明かしている。

　　陰暦十二月に芽吹くものをふだんからもっとも愛するのか

　　ぴりりと辛く強烈なその香りが鼻をくすぐる

　　蒙山で一番早く摘んだ茶を偶然手に入れ

　　煮るよりも前に、まずは味見をした

　　風狂（ふうきょう）な人が一度味を見て孺茶と名付けたので

　　年寄りが幼子のように欲しがるならどうしようもない

李奎報が和答詩を送ってきた５人に、ふたたび和答詩を詠みな
がら、珪禅師が味あわせてくれた早芽茶が中国四川の蒙山（蒙頂山）
で、一番初めに摘んだ茶であることを明らかにしたのは、この５人
が早芽茶の淵源を知りたがっていたためである。四川にある蒙山は
蒙頂茶として有名な産地だった。

茶の流通

　李奎報が珪禅師に書き送った詩は、すぐに文人たちの間で話題と
なり、その後も和答詩が相次いだ。これらに李奎報は「玉堂　孫得
之……」、「孫翰長（ソンハンジャン）がふたたび和酬するので韻字をしたため送る」、
「壮元　房衍寶（ジャンウォン　バンヨンボ）から和答詩が送られてきたので和酬する」などの和
答詩をさらに詠まなければならなかった。おかげで今日私たちは高
級茶をめぐる当時の状況がどうなっていたのか察することができ
る。

　　　この世のすべての味は、早い時期にとれたものが珍しいのか
　　　天が人々のために快く季節を変えてくれる
　　　春に育ち、秋に熟するのは当然の理なのだが
　　　これがずれるとおかしなことだが
　　　近ごろの習俗は概して奇異なものを好むのだなあ

　この文は、李奎報が珪禅師に送った「雲峰の年老いた……」の１
節目である。李奎報は珪禅師が味見させてくれた孺茶がどれだけ珍
しくて、早い時期に摘んだ茶なのかを話したくて詠んだものなのだ
が、当時、今まさに芽吹いたばかりの新芽で作った早芽茶を人々が
どれほど好んでいたかを示している文でもある。人を魅了する品物

は希少性とともに特異性を持つ。高麗の茶も例外ではなかった。

　もちろんこの茶は庶民には手が出せないような価格だった。そこでさらに限られた購買者と好事家が熱狂した。その茶を買うことで本人の財力や能力を誇示しようとすることもあった。このように一般世間で熱望されると同時に、一方では珍しければ珍しいほどお互いに分け合って楽しむ風潮もあった。李奎報も「壮元　房衍寶……」で「私がどこの誰だからといって、畏れ多くもこの珍しい茶を味わえるだろうか。思いもかけず神仙の縁にふれたからですよ」と言いながら、珪禅師が大切にしまっておいた茶を味あわせてくれたことに対して感謝の気持ちを表している。

　このように当時の茶の消費は非常に限定的なものであったが、それが形成された経済的利益は相当なものであった。それによって茶商人が行き過ぎた価格をつけたり、偽ることも多数発生した。李奎報は「玉堂　孫得之……」のなかで次のように詠んでいる。

　　　近ごろ、売り買いのときにまやかしが多い
　　　皆、ずる賢い商人の手中に落ちてしまったのだなあ
　　　（……）
　　　物の売れ行きがすべて人々にかかっているから
　　　宝石も脚はないが　自分からやってくる

　「商人は利益がある所であればどこへでも行く」という言葉のとおり、需要がある物品はすべて商人によって運搬され、販売された。高級品は価格に見合う品質確認がさらに重要であり、茶も同様だった。李奎報は珪禅師の茶に対する品評が微に入り細を穿っていると語った。多くの文人が僧侶に茶を頼むのも、良い品質の茶を確実に入手するためだった。

中国四川で生産された蒙頂茶も、商人によって高麗に運搬され消費されたのだが、これだけで当時の茶の消費の全般的な状況の見当をつけるには、まだ十分ではない。それよりは最上級品の消費という上流社会における茶の消費を示している面の方が強い。李奎報の和答詩のなかで、高麗の茶の生産の様子がうかがえる節がある。「孫翰長がふたたび……」で彼は、花開の雲峰茶を指して、当時の茶を生産する農民の状況をこう言及する。

　　役所で監督し、年寄りから子どもまでかき集められる
　　険しい山の中でようやく摘み取ってまとめ、
　　はるか遠い都まで背に担いで運んだのだ
　　これは民が苦労に苦労を重ねた貴いものだから
　　多くの人の汗水で得たものだ
　　（……）
　　あなたがほかの役職についたとしても
　　私の詩にこめられたひそかな意味を覚えておいてほしい
　　山林と野原を燃やし、茶の貢納を禁ずるなら
　　これからは、南方の民はくつろぐことができるだろう

　代表的な産地である花開地域がこのような様子だから、上流社会の中国茶好きとともに、朝廷の搾取によって高麗の茶の生産が大きく発展したと見るのは難しい。
　高麗時代に茶の消費が伸びた首都開京は、産地から非常に離れた場所にあった。茶は全羅南北道と慶尚南道で主に生産されていた。特に智異山を中心にした花開、咸陽と彦陽、密陽などの地で生産が活発だった。茶の生産は集団での労働が必要なため、個人の茶園経営は商品経済が発展していなければ、ほぼ不可能だった。商

品経済が発達した社会で、専業経営と労働雇用が可能であれば、個人の茶園経営が存立できたのだ。高麗は貨幣経済が弱かったので個人の茶園経営には限界があった。このような環境であったために高麗時代の茶の生産は、国家と寺院などの管理によって成り立っていたと見なければならない。

　文人が茶を買い求める手段だけ見ても、生産に限界があったことがわかる。彼らは主に僧侶や地方長官である按廉使（按察使）や観察使などに依頼したり、彼らから贈り物として受け取った。もちろん文人の文章から推測したものなので、全体の状況が正確にわかるものではないが、当時の高麗の社会経済状況から、茶の生産に国家と寺院が関与していた程度が相当高かったということは推測できる。

　首都開京は消費を牽引する地域だったので茶の消費量も多かった。そして茶は、路上の商店で販売されたりもした。高麗時代末期、三隠のひとりである李崇仁が詠んだ「如太虚が祭酒に和酬した詩に韻字をしたためる」という詩には、寺で使う茶を買いに商店街に来た僧侶の姿が描写されている。如太虚は休上人と呼ばれていて、天台宗の高僧懶殘子の弟子で学識が高い僧侶だった。彼はお釈迦様の供養をしてお勤めが終わると、時々寺で必要な茶を買いに街中に行ったりもした。茶の産地から遠い寺院は茶を自給できなかったので、当然茶を購入した。

　庶民の茶の消費は、薬用としての範疇を大きく超えることがなかったようである。庶民が無理なく消費できる程度の価格で茶が供給されたという形跡が、史料には見当たらないためだ。基本的に茶の大衆化や一般化が成立する前提となるのは茶の供給なのだが、高麗時代は茶の供給が円滑ではない生産環境だったとみられる。

　一方、王が民に茶を下賜した事例も多くはなく、そのような例が

あったとしても 80 歳以上や 90 歳以上の高齢者、または患者に下されただけだ。茶を下賜する方式がこれと同様であったということは、茶の供給に限界があったか、庶民の茶の飲用が薬用の範囲を超えなかったということを指し示している。

茶店と茶亭

茶を売り、飲む場所があったかというのは、茶を飲む風習がどの程度発展していたかがわかる重要な指標のひとつである。高麗時代には、茶を買って飲める茶店や茶亭、茶院などがあった。都市を中心として路上に茶を売る店舗があったという事実は、1002 年に出された、穆宗(モクジョン)の次のような命令から確認できる。

> 最近、侍中韓彦恭(ハンオンゴン)が上疏をして言うには「現在、前代を継承し、貨幣を使わせるようにして、目が粗い麤布(そふ)の使用を禁止しております。これによりしきたりがおかしなこととなり、国の利益も得られず、ただ民の恨みと嘆きが湧きあがっております」とのことだった。茶や酒を売る多くの店が交易をするときは従前通りに貨幣を使わせるようにし、そのほかに民が個人的に商いをするときには任意で地産物を使用するようにせよ。[10]

穆宗の父成宗(ソンジョン)は、初めて鉄銭を鋳造し、貨幣の流通を活性化させるため、すべての産業活動に貨幣を用いるようにする政策を施行した。前述の文にある命令は、成宗が実現しようとした金属貨幣政策の失敗によって、以前の方式に回帰することを選んだものだった。貨幣の使用を全面廃止したのではなく、茶と酒などを売る店舗では貨幣を使用させるようにし、ほかの交易には以前同様に現物を

使用するようにした。当時は布と米が現物貨幣の機能を持っていたのだった。

　この記録から、高麗時代には商業活動が成立する路上で、茶屋や酒店などが営業していたことがわかる。人々が交易をするため、もしくは人付き合いをするためににぎやかな場所や路上で茶屋に入っていくのはごく自然なことだった。

　しかし、この記録は茶屋の存在を示すと同時に、茶の消費の限界もうかがえる。つまり、貨幣の使用が一部にとどまったという事実から推測すると、交易の規模が制限的であったことが推察できる。よって茶屋などの常設店舗はあったが、だからといってだれもが一般的に茶を飲めるわけではなかった。個人で商売する者たちは貨幣を使用するのが不便だったので、茶屋に出入りすることも自由ではなかったはずだ。こまごまとした物品を売り買いするときは現物を使用していたからである。

　つまり茶屋があったという事実ひとつで茶が普遍的、日常的に消費されたと見るのは難しい。結局、日常的な消費が可能な環境は造られたが、実際には制限的で、特定の消費が主となって成り立っていた。

　このような状況は、その後も大きく変わらなかった。貨幣経済を活性化させるための努力は継続されたが、なかなか活性化しなかった。次に引用する1104年の記録からその状況を確認することができる。穆宗の時代以後100年が過ぎても依然として金属の貨幣の使用は定着しなかった。

　　当時、貨幣が流通しはじめてからすでに3年が過ぎていたのだが、民が貧しいために思ったように広まらなかった。そこで各州・縣に命令して、民が米穀類を資金として酒店や食堂を開いて商売をする

ことを許可したので、貨幣の利便性が知れ渡るようになった。[11]

この当時は金属の貨幣の流通を活性化させるために役所が先頭に立ち、商業施設を造ることまでした。貨幣を使用することの便利さを知らしめ、直接経験もできるようにしなければならない状況だった。そのように役所が商業施設を開設するようにしたので、高麗の官吏が直接積極的な商業活動をするのは不思議なことではなかった。

そのために正五品の官職である郎中<ruby>郎中<rt>ナンジュン</rt></ruby>が経営する茶屋で昼寝をしていた林椿<ruby>林椿<rt>イムチュン</rt></ruby>の逸話が生まれた。開国の功臣の一家の子孫である林椿は文学で名声を得たが、武人が権力を掌握するようになると先祖代々下されていた田畑を奪われるなど、家門全体が被害を被った。彼は身を隠し異郷暮らしまでしなければならない苦難にあった。彼は、文学的名声は得たが最後まで科挙に合格できず、若くして逝った不遇な文人だった。

林椿の詩「李郎中惟誼<ruby>惟誼<rt>ユ ウィ</rt></ruby>の茶店で昼寝をする[12]」は、高麗に茶屋があったという事実を示す代表的な記録であるだけでなく、その雰囲気までもが垣間見られる。

縁台に気だるく横たわり、うっかりこの身を忘れていたら
昼日中、枕の上を風がそよいでおのずと目覚める
夢のなかでもこの身を置く場所がないのだな
天地がすべて、休息するひとつの驛亭<ruby>驛亭<rt>ヨクジョン</rt></ruby>なのか
空虚な楼閣で夢から覚めると日が暮れようとしているのに
ぼんやりとした両目で遠くの峰を眺める
だれが教えてくれようか、隠居した人ののんきな情趣を
ひとときの春眠が値千金であることを

彼は茶屋の楼閣に置いてある細長い縁台で昼寝をしていた。今の
時代の見方であれば、茶屋で商売の邪魔をしているように見える
が、おそらく当時の茶屋の雰囲気は気楽に休んで飲める環境だった
ようである。いずれにせよ、世間体はよくない行動だっただろう
が、林椿が昼寝をしていた茶屋は、多くの人が出入りする騒がしい
所ではなかったようだ。金を支払えば入れる場所で、出入りするの
に厳しいきまりはなかったようだ。

茶を売る茶店のほかに茶を飲める場所として茶亭があった。茶亭
はたいてい寺院に属していて、風光明媚な場所にも設置された。そ
の痕跡が江陵寒松亭と鏡浦台に残っている。新羅の四仙が茶を飲
みながら遠遊したという江陵の寒松亭については、高麗の文人金克
己、安軸、李齊賢、李穀が、この地域を巡りながら書いた文章が
存在する。もっぱら新羅の四仙が茶を飲んだ場所だと記したものと
して見て、高麗の人はおおよそそうだったのだろうと解釈したはず
だ。李穀の『東遊記』には、この２か所に関する記録が次のように
書かれている。

鏡浦台。神仙の遺跡であるという昔の石竈があるのだが、おそらく
茶を淹れるときに使った道具であろう。

寒松亭。この東屋もやはり四仙が巡った場所なのだが、観光客が大
勢押し寄せる場所をその地域の人がいやがり、建物を撤去して松の
木も野焼きしてしまったという。現在はただ石造物と石池、そして
二つの石井戸がその横に残っているのだが、これもやはり四仙が茶
を淹れるときに使ったものだと伝えられている[13]。

風光明媚な所は茶を飲むのにも適した場所だった。鏡浦台と寒松

亭は、新羅の四仙が茶を飲んだ場所だと、高麗の文人はたいてい知っていた。そのような場所が衰退し、また地域の人が東屋をなくしてしまうことまでしたということから、高麗人の茶の消費が限定的だったという事実を推測できる。風光明媚な場所で茶を飲む風流に共感できない雰囲気があったという事実は、茶の消費が身分的にも地域的にも限定されていたという状況が反映されているのではないだろうか。

結局、高麗時代に「都市ではない漁村や農村で、茶は消費されたのか？」という問題を考えると、そうではないということになる。高麗時代の茶の消費は都市が中心で、特に寺院文化と文人の文化のなかで根をおろしていた。茶亭、すなわち茶を飲みながら遊ぶ場所である東屋もたいていは寺院の中にあった。

獺嶺茶院と毅宗
（タルリョン）（ウィジョン）

茶と関連した場所として茶院もあった。茶院は、寺院の中に設置される場合もあったが、多くは人里離れた場所や街道の要所に置かれた宿泊可能な施設だった。たいがい僧侶がそこに住まいながら管理し、主に旅行者と商人に便宜を図った。大きな寺院に付属した場合、80間にも及ぶ大規模な茶院もあったが、独立した茶院は規模がかなり小さかったりもした。民の便宜のための場所であったため、国家の支援を受ける茶院もあった。茶院は茶を飲みながらゆっくり休んだり、泊まれるという意味からついた名であったと思われる。

茶院と関連するものとしては、高麗18代王の毅宗について、王としての資質が欠けていることがうかがえる「獺嶺茶院逸話」がある。1167年、毅宗は歸法寺に立ち寄ったあと玄化寺へ行く途中、
（クィボプサ）（ヒョンファサ）

供の者がついていけないほどの速さで馬を走らせて獺嶺茶院に到着した。彼は茶院の柱にもたれかかってこう言った。「鄭襲明がもし生きていたら、どうして私がここに来ることができようか[14]」。毅宗の遅すぎた後悔だった。鄭襲明は、毅宗の命によって自害した。実際のところ、毅宗が王位を継承できたのは鄭襲明がいたおかげだった。太子の時代から遊ぶことが好きだった毅宗は、統治者の資質を疑われていた。父の仁宗も長男である毅宗が次の王としての責務を全うできるか心配であったし、母の恭睿太后にいたっては、次男を太子にしようとする動きまで見られた。このとき毅宗の太子廃位をさせずに彼を補佐したのが、まさに鄭襲明だった。仁宗が毅宗に残した遺言も、政務を執り行うときは必ず鄭襲明の意見を聞くようにというものだった。

　歴史を振り返ってみると、このような関係は必ず葛藤を引き起こす事例が数えきれないほどある。毅宗と鄭襲明も大きな違いはなかった。鄭襲明は忠臣であったが資質の欠けている毅宗にとっては、彼に拘束されているように感じた。結局、在位5年目の1151年、毅宗は病に伏していた鄭襲明を死に追いやった。そして毅宗は鄭襲明の干渉から抜け出したが、国政を危うい状態にした代表的な統治者という評価がついてまわることになった。毅宗は在位末期のこの頃、護衛隊を置き去りにして馬を走らせるほどにもどかしい心情だったはずだ。山の頂にある獺嶺茶院に着いた彼は、茶院の柱にもたれかかって遠くをを眺めながら自分の境遇を嘆いた。「忠臣は行方が知れず、奸臣だけがひしめいている」と。

茶所と貢茶

チャノキは亜熱帯性常緑樹で、熱帯から温帯までの広い地域で生

長する。年平均気温 12.5 〜 13℃以上、年降水量 1,500mm 以上でなければならない。つまり韓半島での生長地域は限られていた。

　茶の生産地についての高麗時代の記録は非常に少ない。よって朝鮮時代に刊行された『世宗實録地理志』や『新増東國地勝覽』を通して確認してみるしかない。この２冊には高麗時代に茶を土貢した地域に関する記録がある。慶尚道には、密陽・蔚山・晉州・咸陽・山陰・固城・河東・鎮海があり、全羅道には古阜・沃溝・扶安・井邑・羅州・靈巖・高敞・靈光・茂長・南平・務安・興徳・長城・長興・潭陽・康津・淳昌・順天・茂珍（光州）・樂安・高興・寶城・光陽・求礼・珍原・同福と、ほぼ全域にわたっていた。

　そのなかで茶所として記録された地域は 18 か所だ。全羅道は 16 か所で、羅州茂長縣に２か所、長興に 13 か所、長興同福縣に１か所あった。慶尚道には固城縣の達岾茶所と通度寺の冬乙山茶所村が記録に残っている。

　高麗時代に特殊行政区域である"所"は、特定生産物を貢物として確保するために設置されていた。茶所のほかにも金所、銀所、鐵所、銅所、瓦所、紙所、墨所、炭所、薑所、鹽所、磁器所などがあった。これらの所は別貢の受け取りと密接な関係があった。一般州縣の民が常貢を担っていたとしたら、所では別貢を担っていたのだ。

　茶所が生産地のすべてに設置されなかったのは、茶所を通した茶の生産には特定の機能があったと見なければならない。国家が茶を確保する方式はひとつではなかった。もっとも一般的な方式は、生産地域においてその地域の特産物として徴税して集めるものだった。これは茶の生産地で一般州縣の民が負担しなければならないものであり、常貢に該当する。そのほかに特別な時期、または特別な品質のために別途上納する茶があった。このような物を茶所と特定

の寺院を通して生産した。つまり、脳原茶のような王室専用の茶は茶所を通して生産されたはずである。

所は12〜15世紀に漸進的に解体され、郡縣に昇格または州縣に直属する村となった。所に属する民の抵抗を抑えるために昇格されたり、功を上げて昇格したりもした。地方制度整備によって郡縣制が改編されながら、土地と人口の数によって郡縣に昇格したり、直属の村になったりもした。

茶所もこのような過程を経てきたのだが、朝鮮時代初期の地理書で見られる茶所は、大部分その時期に名前だけ残したもので、高麗時代のような特産物生産地としての機能は喪失した状態だった。茶所が解体される過程で、茶の生産の衰退が相互因果関係のように絡んでいたはずだ。

『高麗圖經』から見えてくる高麗の茶文化

『宣和奉使高麗圖經』は、宋の徐兢が1123年（高麗　仁宗1年）、國信使節団の一員として高麗に来て、帰国後、朝廷に提出した帰国報告書だった。中国の官僚による最初の高麗見聞報告書というわけだ。当時の國信使節団の正使は路允迪で、副使は傅墨卿だったのだが、彼らがそれぞれ記したものは残っていない。徐兢は所提轄人船禮物官として採用され、使節団の人員、船舶、礼物などの管理を任されて日程を遂行した。高麗滞在が比較的詳細に書かれているのがこの『高麗圖經』である。

1123年、宋の國信使節団は3月14日に開封［北宋の首都］を出発し、2か月あまりかけてやっと東側の海辺に着いた。5月16日、明州（現在の浙江省寧波）に到着し、26日には定海縣沈家門を出発して高麗に向かった。6月2日、小黒山島を過ぎ、何か所かで停泊し

た後、6月12日禮成港（イェソン）に入港し、13日王都（開京）に入った。使節団は開京に滞在し、7月15日に禮成港を出発して本国に戻った。彼らが高麗に滞在していた期間は1か月あまりで、滞在した建物から出かけたのは5、6回にすぎなかった。このように徐兢の高麗視察の範囲は限定されていたが、観察者の視点としてはかなり意味のある記録を残したことだけは事実だ。

『高麗圖經』は、特に高麗の茶文化を調べるときに非常に重要な資料である。高麗時代の茶についての我々の記録は10世紀から12世紀前半まではとても粗略であり、残っている文人の記録さえも大部分が12世紀後半以降のものであるためだ。

徐兢は高麗で生産された茶の味について、残念だが酷評を残している。口にできないほど苦くて渋いと記録した。このような評価をどうして受け入れられるだろうか？　むやみに否定するわけではない。まず、徐兢が茶を生産、製造する技術はもちろんのこと、文化的にも進んでいた中国から来たという点を考慮すれば、理解できる部分がある。だが、彼が中国の茶と高麗の茶は違うという偏見を持っていたこともあり得るので、高麗の茶をけなしたと読み取れる面も明らかにある。

高麗の茶の味を酷評した後に続く文章は、高麗人が中国の臘茶と龍鳳團茶を珍しがりながら茶を嗜んだという内容だ。もちろん商人によって中国茶が持ちこまれて販売されたからだともいうが、基本的に高麗人が茶の味がわかり、また喜んだということを認めたものだ。そして高麗の茶具製作技術が優れていると記した。金色の花模様の黒い杯、薄い青緑色の小さい鉢、銀製の火爐と釜などを列挙しながら、中国のものを模倣したと記した。

國信使節団が滞在していた宿泊場所では、茶が毎日3回出された。茶を飲み終わるとすぐに"湯"が出るのだが、これを高麗人は

<ruby>青磁<rt>せいじ</rt></ruby><ruby>陰刻<rt>いんこく</rt></ruby><ruby>魚<rt>ぎょ</rt></ruby><ruby>波<rt>は</rt></ruby><ruby>文碗<rt>もんわん</rt></ruby>、高麗 11 世紀 [15]

"薬"と呼んでいたという。これをすべて飲むと高麗人は喜ばれたと思い、残すと軽視されたと思うので、選択の余地はなく無理にでも飲まなければならなかったという。この話から、高麗では茶文化並に薬とされていた湯文化がかなり発展していたことがわかる。

　茶の商品価値が、主食である米に相当するものであったことがわかる記録も、飲み水の調達過程を説明するなかに書かれている。使節一行が海を渡って高麗に到着するころ、船に備蓄してあった飲み水がほぼ底をついた。そういう状態になると安全に目的地に到着するための鍵は風ではなく、飲み水の確保だった。このような場合、高麗人は飲み水を船に積んで中国から来る船を出迎えた。飲み水を補給してもらった中国の船は、茶と米でその価値を補償した。茶と米が、もっともやり取りが容易な品目であったことが推察できる。

中国茶の流入

　高麗の茶文化が発展したと評価できる証拠は相当数存在する。だが、その限界が見える証拠もやはり明確に残っている。脳原茶という高麗の代表的な茶が存在し、高麗の茶具は徐兢が記したように、中国人も認める技術と美しさを持っていた。また、高麗の首都開京は茶の生産地から遠く離れていたが茶屋が経営され、茶を売る商店もあった。前述したとおり、茶は米と物々交換をするときにもっとも容易な品目でもあった。このように茶文化が発展したという証拠はいくつもあった。

　しかし、同時に限界もあった。特に中国産の茶に対する嗜好の表れだ。この現象はすでに前の時代から始まっていた。中国茶が早い時期から流入してきたことは、中国茶の種子の流入や新羅の崔到遠の文章にも見られ、中国の高級茶に対する熱狂的な思いも李奎報の

文章を通してすでに見てきた。商品作物として発達した中国茶の流入は、国内の茶の生産に多大な影響を及ぼしたに違いない。

　一般的に発展したと評価される高麗の茶文化が、朝鮮に続かなかったもっとも根本的な原因を考察すると、国内での茶の生産の限界にあり、その原因は中国茶の流入だった。商品経済発展の限界という社会経済的環境とともに中国茶との競争という環境は、高麗の茶の生産を委縮させるしかなかった。茶の生産が、専業での生産や一般経済領域に入れない状態のまま、政治とその他の外的変化に勝てなかったという点が、高麗末期にいたる時期の高麗の茶文化が持っていた特徴である。寺院経済の枠を抜け出せなかった高麗の茶の生産は、仏教が停滞期に差し掛かると自然と衰退するしかなかった。中国茶の継続的な流入は、高麗の茶の生産が成長できる余地を早々に阻害したということだ。

　高麗では中国の茶のなかでも、臘茶と龍鳳團茶を貴重とした。宋代、臘茶は主に福建地域で生産され龍鳳團茶は一般販売用ではなかった。龍鳳團茶は宮廷の茶であり、一般では下賜された場合のみ手にすることができた。高麗人は中国で下賜品として贈られた茶以外に、輸入された中国の高級茶を龍鳳茶と呼んでいたと見られる。以後、この名称は中国産高級團茶の代名詞となり、朝鮮時代にも続いた。

　興宣大院君の父南延君の墓地跡にあった伽倻寺の石塔から龍團勝雪が見つかったという話も、中国茶に対する嗜好以上のより好みの傾向があったと見られる。伽倻寺の石塔が解体されたのは南延君の墓地跡として目されたためだ。先祖の陰徳を見ようという私欲によって大院君は寺に火を放って石塔を壊した後、父の墓を改葬した。石塔を壊したとき、塔の舎利孔からいくつかの物品が出てきたのだが、そのなかのひとつが龍團勝雪だったという。これが本物

だったとしたら相当な貴重品である。

　龍團勝雪は宋代の徽宗の宣和年間に福建の北苑で作られ、宮廷茶の最高峰といわれる貢茶だった。皇帝から下賜された場合のみ民間で所有できる物で、いわゆる"金をもっても買えない"茶だった。龍團勝雪は献上するための物で 270 銙しか作られなかった。

　伽倻寺の石塔の舎利孔から出てきた龍團勝雪の 4 つの塊に"龍團勝雪"という文字が刻まれていたというのだが、もしその状態であれば、これは本物である可能性は低い。貢茶として製造された龍團勝雪は約 3.6cm 四方の規格と、それを入れる用途とした箱にくねくねと昇天する龍の模様を銀で刻んで制作されたものをもって龍團勝雪であることを確認できるもので、別途に文字が刻まれてはいなかった。北苑の造茶局が東と西で区分されていたので、西局なのか東局なのかによって"西作"または"東作"という表示があっただけだ。つまり龍團勝雪と書いてあったとしたら、それはむしろ高値で販売するために作られた、民間販売用の茶であった可能性が高い。

　ところで、その珍しい茶をなぜ舎利孔に入れたのだろうか？　茶を供養するという意味で最高の茶を入れたのではないだろうか。理由はどうであれ、高麗人が中国茶を最高級茶と思っていたという事実は明らかだ。そして、これが地産茶の生産と発展の阻害要因となったことも明らかだ。

朝鮮と
餅茶

茶文化の
衰退と朝鮮

依然として餅茶（トクチャ）

　朝鮮時代は韓国における茶文化の流れのなかで、茶の衰退期として既定される。だが、朝鮮の茶文化は独特な特徴を持っていた。そのひとつは、長期間餅茶と末茶を沸かして飲む方法を貫いたという点だ。また、茶を沸かす音に対する感性をひときわ享受したことも朝鮮の茶人の特徴だった。

　朝鮮の茶文化がこのような特徴を持つようになった原因をいくつか挙げられる。まず、茶が基本的に文人の高尚な趣味の領域にあったという点だ。次に、薬としての飲用が強く作用したという点。三番目には、茶を嗜む文人はたいてい書物を通して茶を学んだという点である。

　東洋で茶を飲む方法は、煮茶法から点茶法に、点茶法から泡茶法

へと進んだ。朝鮮時代中期になると、中国と日本では茶葉を浸して飲む泡茶法へと進んでいた。これらがベースとなった社会経済環境は、茶の生産の安定と消費拡大を呼んだ。一方、朝鮮では生産量がかなり縮少し、中国茶、なかでも特に團茶を依然として好んでいた。

　茶に関心がある文人には、読書をする知識人としての高尚さと先進文化を受容する先覚者的な態度を表現しようという意図が多く見られた。そこに薬用効果に対する期待もかなり高かった。さらに陸羽の『茶経』は、彼らに茶を理解して飲むマニュアル以上のものとして受け入れられていた。朝鮮の茶人は、なおも『茶経』が示す多くのことを再現した。崔演_{チェヨン}の「茶を飲む〈飲茶〉[16]」という詩に、そのような傾向が表れている。

> 鉢茶椀に泡がふわふわと丸く浮かんでいる
> 陸羽の湧き水に炭火で茶を沸さなければならないのであろう
> 最初は石臼で茶を挽くのがうれしくて
> すぐに渦巻模様ができて茶が沸く音が聞こえてくる
> 臓腑を潤す効果がたちまち表れ　三杯を飲み干すと
> 胃が温まる効き目が表れ　万金に値する
> いつの間にか両脇の間に澄んだ風が吹き起こる
> 蓬萊山の飛びまわる神仙がいる所まで飛んでいけそうだ

　この詩は、朝鮮時代中期の文人崔演が1548年に任務のために中国に向かうなかで詠んだ詩を集めて収録した『西征録』に収められている。彼が茶を飲む方法や感想は、陸羽が生きた時代と同じだ。水を選び、茶葉を挽き、茶を煮出す音を聞き……。こうして朝鮮の茶人は『茶経』を古典として共感することにとどまらず、実際に実践を重ねた。もちろん朝鮮時代前期の学者徐居正_{ソ ゴ ジョン}は「盧仝の詩は

詠めば詠むほど拙く、陸羽の『茶経』は古臭い言葉だから」と語ったが、これも特に新しい方法や自由さを追求したものではなかった。格式高く飲もうと苦労しないで、薬用としてこまめに飲めという意味だった。

　書物で茶を学んだ代表的な人物として、朝鮮時代前期の文人李穆が挙げられる。『茶賦』を著した李穆は、冒頭に「私は茶についてなにも知らなかった」と記した。彼が茶を知るようになり、大切に思うようになったのは『茶経』を読んでからだった。『茶賦』で彼が列挙した茶の品種も中国のものだった。このように朝鮮の文人は、茶を嗜みながらも朝鮮の茶には関心が薄かった。思想の扉が閉められると、文化の扉も閉まってしまうという面があったという事実を否定はできない。

　一方でもう少し縛られずに考え、朝鮮の茶に関心を見せた茶人がいた。代表的な人物として任相元と李裕元が挙げられる。任相元は茶について高い眼識と柔軟な思考をあわせ持つ茶人だった。日本茶に対しての評価の労も惜しまなかったし、朝鮮の茶も高く評価した。彼が日本の抹茶の味わったのは1675年、釜山で日本の使臣の応対に当たったことが契機になったのであろう。彼は日本茶を飲んだ感想を「日本茶を飲む〈飲倭茶〉[17]」でこう記した。

　　袋の中の抹茶が玉のように美しい

　　輝く山の中で朝露が降りた茶葉を想像してみる

　　杉の小箱に入れ　香り高い茶の豊かな霧に包まれて

　　銀の茶筒からこぼれると　緑の雲が一面に広がる

　　茶の質を競ったら龍鳳茶より優れているので

　　すぐ煮立たせ　泡の渦巻と魚の目の違いを見極める

　　ひと息に一杯飲み干すと　春眠が甘く誘ってくるから

花の影が石段の前まで迫ってきているとは気がつかなかった

　この詩だけ見ても、朝鮮の知識人が唐・宋代の古典をどれほど信奉していたかわかる。中国ではその名声が聞かれなくなってから久しい宋代の龍鳳茶を、朝鮮の知識人は依然として中国の代表的な茶として論じた。湯が沸く音を聞き分ける方法も、陸羽の『茶経』に従ったものだった。

　任相元は友人崔後尚が咸平郡守として赴任するやいなや餞別の詩を送り、「君よ、どうか雨前茶を送ってくれ」と最後に書き記した。成均館の同僚金恒が康津懸監として向かうときに記した「康津懸監金恒を見送って」という文では、康津の特産物である塩、塩から、茶、紙に言い及んだ。「茶が顧渚紫筍茶のように茶芽がすばらしい」と書きながらである。「茶を煎じながら〈烹茶〉」では朝鮮産の茶が貢物となるほど優れていて、『茶経』に記して誇るに値する茶であると記した。

　李裕元が書いた「竹露茶」には19世紀の朝鮮の茶について、様々な情報が記されている。竹露茶を生産していた康津懸寶林寺のチャノキは、手入れもされずに放置されていたという。当時、寶林寺の前には竹林があったのだが、そこで生長したチャノキには誰も関心を示さなかった。寶林寺の僧侶ですらそれを知らないほどだった。このことだけを見ても、朝鮮時代後期の茶文化がどれほど不毛であったかが推測できる。

　ここの僧侶に茶葉を9回蒸し9回乾燥させて茶を作る方法を教えた人物は、茶山丁若鏞だった。薬を作るのと同じ、九蒸九曝方式だった。丁若鏞は李大雅に3回蒸し3回乾燥させる三蒸三曝の方法を教えたりもした。回数の差はあるが、蒸して乾燥させるという製造方法が朝鮮時代後期まで中心だったのである。朝鮮の茶人は茶の

味自体を好みながらも、薬用としての機能に対する期待も大きかった。この点が、茶文化が持続される要因でありながら、反対に限界でもあった。

　蒸して乾燥させ作る餅茶は、中央に穴をあけて縄を通した。このような方式は基本的に『茶経』に記録された餅の製造方法と似ている。『茶経』には「甑（こしき）で蒸し、臼に入れ、型に入れて固め、火であぶり、紐を通してくくり、貯蔵する蒸之、搗之、拍之、焙之、穿之、封之」と記録されている。葉茶の製造もしたが、主に蒸製緊圧茶を作った。「竹露茶」で李裕元は、縄を通した110個の竹露茶をもらって味わい、「国産［朝鮮産］の茶で十分おいしいから、あの人たちは中国産の茶を羨ましがらないのだな」と記した。

言語習慣を通して見た茶文化

　「차（チャ）」、「茶」、「tea」という単語が、それぞれの地域でどう使われているのかを調べてみると、その地域の茶文化の断面を読み取ることができる。Coffee の場合、コーヒーではない飲料を指してコーヒーだとは言わない。反面、茶は程度の差はあれ、もう少し広く使われる。私たちはハーブティー、人参茶、麦茶のように茶葉と関係ない飲料も茶という。おそらく湯を沸かしたり、熱い湯に浸して飲むという方法が共通している点が、そう呼ばれる理由であろう。

　茶を広義の用語として使用する度合いがもっとも高い地域が韓国だ。私たちは「茶」という単語を、飲料の通称のように使う。緑茶も茶で、そのうえコーヒーも茶だ。麦茶、人参茶、レモン茶、生姜茶など、茶葉の状態でないものもすべて茶という。このような言語習慣は、すでに朝鮮時代から始まっていた。丁若鏞は、当時使われていた私たちの言葉と中国語の語彙を研究し著述した『雅言覺非』

で、「茶」という単語の意味を包括的に使用する朝鮮人の言語習慣を次のように記している。

> 我が国の人々は「茶」という文字を、湯、丸、膏のように食べる方法によって認識し、ひとつの材料を煎じるものをすべて茶という。それゆえ生姜茶、橘皮茶、カリン茶、桑枝茶、松節茶、五果茶と習慣のように使うのだが、これは間違っている。中国にはこのような規則はない。（……）「柏茶を煎じる」、（……）「一杯の菖蒲茶」、（……）「橄欖茶を煎じる」などはすべて茶錠［急須のようなもの］の中に（茶葉といっしょに）、すなわち、コノテガシワ、菖蒲、橄欖の葉を混ぜて沸かすから茶というもので、ひとつだけ特別なものだけを煎じるからといって、茶という名をむやみにつけるものではない。[18]

朝鮮時代の人は、茶葉が入っていなくても沸かして飲む飲料はすべて茶とした。なぜこのような言語習慣が生じたのであろうか？これは朝鮮時代の茶が独自の領域を失いつつあるなかで、沸かして飲む飲料を意味する言語として残ったために生じたものだと類推される。高麗時代に茶文化がかなり発展したということは周知の事実だ。茶は煮出して飲む飲料の代表格だった。茶文化が衰退した朝鮮時代には、言語として使う習慣だけ維持され、茶を飲む習慣は少数の文化として残った。

これと関連して、朝鮮時代後期の文臣李晩用が著した「金剛山の滝の水で餅茶ひとかたまりを炭火で煎じたら、山の香りが深くなった」で、「餅茶」としたのがまさに丁若鏞が言うところの言語習慣に該当する。李晩用は金剛山で煎じた餅茶が、金剛山で採れた茶であると説明した。ある人はこれを根拠に、以前は金剛山でも銘茶が生産されたと言うのだが、それは可能性が低いことでもあり、朝鮮

時代の言語習慣に対する誤解のせいだと理解しなければならない。先に述べた丁若鏞が記したとおり、茶葉と関係ない茶であるはずだ。薬用植物を素材にした飲料または、薬用の一種だったと見るのが妥当である。

　また、朝鮮時代の文人の文章に多く見られる龍團、小團、龍鳳茶という表現にも朝鮮時代の茶文化の断面を見ることができる。龍團、小團、龍鳳茶は、宋代の北苑で生産された御用茶の名称である。宋は御用茶を限定した地域で生産し、単一化して品質をコントロールする方式をとり、宮廷茶の権威を維持した。それによってこのような茶は一般に販売されなくても最高の名声を得た。高位官僚ですら小團ひとかけらを下賜されては、あまりにも貴重で飲むということすら考えられないほどだった。このような名声を持つ建渓の團茶は以後、商品化されて中国茶を嗜む周辺地域にも販売されたのである。

　だとすると朝鮮時代の文人がいうところの龍團、小團、龍鳳茶はどんな茶だったのだろうか？　朝鮮時代初期には、商人によって龍團などの中国茶が流入された。時が流れて中国で團茶製造が中断された以降も、朝鮮では龍團などの名称がそのまま使われ続け、18世紀を過ぎても文人の文章に頻繁に使われた。朝鮮時代中期を過ぎて龍團茶の意味は建渓で生産された茶を意味するものではなく、広くは中国茶のすべてを、狭義では献上された中国の高級茶を意味する言語として使われたようだ。1616 年、中国に使臣として遣わされた李 廷龜が、当時の中国使行録である『丙辰朝天錄』に詩を残したのだが、それは「龍團佳品は松蘿という〈龍團佳品説松蘿〉」の一節から始まる。松蘿茶は徽州松蘿山で生産される茶であり、この場合、龍團は皇帝への献上茶という意味として解釈しなければならない。

王の言葉から見た茶文化

　1430 年の冬、世宗（セジョン）は御前での経書の講義のときに、中国の榷茶（かくちゃ）法を論じ、「中国では茶を好むのに、なぜ厳しく禁じるのか？　我が国は宮中でも茶を用いない。好みがそれぞれ違うのもまた、これと同じようなものなのだ」と語った。この記録で朝鮮は宮中でも茶を飲まなかったという事実が確認できる。朝鮮時代前期からすでに茶文化がどれほど凋落していたのかがわかる。

　茶とその商品化に関心がなかった朝鮮は、中国の茶の生産と流通過程についての総体的な情報を正確に把握できていなかった。よって中国の榷茶、すなわち茶の専売制度も単に「禁止」と理解したことが、世宗の話からわかる。中国が専売制度を施行した目的は、茶の生産と消費を抑制するためではなく、それと関連する収益を国家が掌握しようとするところにあるという事実を見落としていた。このような認識は朝鮮時代の間、ずっと続いた。

　16 世紀後半、宣祖（ソンジョ）の言葉からも、それが大きく違わないことが確認できる。『宣祖実録』の 1598 年にあったできごとを見ると、宣祖と明の将帥揚鎬（ようこう）の対話の様子が記されている。揚鎬は丁酉再乱（チョン ユ ジェラン）（慶長の役、1597 年）のとき、朝鮮に派兵されてきた。揚鎬は、茶と関連する具体的な意見まで提示したが、宣祖や朝鮮ではこれに関心を見せなかった。

　揚鎬は全羅道南原で生産される茶の質が良いのに、なぜそれを生産しないのか、またなぜその茶を飲まないのか首をひねった。南原茶を生産して遼東に運んで売れば、いい収益を上げられるという提案までした。すると宣祖は、南原の茶が雀舌茶であって六安茶の種類ではないと語った。しかし、その六安茶は中国徽州六安縣で生産

李德履、東茶記、1793

される緑茶だった。なぜ宣祖は雀舌茶と六安茶を別の物だと言ったのだろうか？　これは朝鮮人の茶についての認識が反映されたものだった。

　当時の朝鮮人は、雀舌茶を知っていたが、それがチャノキの葉で作られるという事実を知らなかった。18世紀に李德履は『東茶記』に「雀舌を摘んで茶を作るのだが、大部分、茶葉と雀舌が本来同じ物であるということを（人々は）知らない。それで、茶葉を摘んだり茶を飲む人がいない。時折、好事家はむしろ北京で茶を買ってきたとしても、国内の近い所で茶葉を買えることを知らない」と記録した。このように朝鮮時代の人は雀舌茶をただ薬剤の一種として認識していた。それが茶葉であるということを知らなかったのだ。宣祖が安徽城六安縣で生産される緑茶である六安茶と雀舌茶が別の物だと語ったことも、一般の民の認識と違わなかったからだ。

　朝鮮の朝廷でも揚鎬が提案した茶と関連したことが、注目されることはなかった。揚鎬が話を持ち出したことすら、事がうまく運んでいないという非難をするためのものだと考えた。朝鮮の朝廷がこのように揚鎬の茶の話に対する事実確認と可能性になんら関心を持

たなかったということは、非常にもったいないことだ。18〜19世紀にも、茶の貿易商品化を主張する意見がなくはなかったが、誰もそんな意見には関心を傾けず、一度もそのような意見が政策に反映されることはなかった。これは茶に対する基本的な事実の理解と認識不足に起因するものだと判断するしかない。

茶と人参

　高麗の王室は茶を嗜んだが、朝鮮の王室は人参茶を嗜んだ。したがって、ある人は人参が茶の代わりだったと説明する。しかし、茶の生産と消費の衰退問題は、人参とそれほど密着した関連があるとは見ることはできない。人参は朝鮮半島の有名な生産物で、昔から評判が高かったが、長期間山人参または天然人参が採取されてきたので消費に限界があった。つまり、一般的に人参茶を嗜むということは不可能だったということだ。人参茶を嗜むとしたら、王室や高官位職程度でなければ不可能なことだった。大衆の消費はやはり薬用であるしかなかった。
　高麗時代の人参は、いわゆる長脳参栽培〔人為的に山林で栽培した高麗人参〕がかなり定着していたのが事実である。これは高麗の主力輸出品である高価な商品だった。徐兢の『高麗圖經』にも特産品として人参についての記録が残っている。徐兢は高麗の人参は生参〔掘り出してまだ乾かしていない人参〕と熟参〔加工した人参の一種〕に区分されるのだが、長く保管するために蒸した熟参が多く流通していると記した。徐兢は高麗人参の形状が平べったいのが常に気になっていたのだが、中国人は、高麗人が人参を蒸すときに水分を絞り出すためだと思っていた。しかし、直接高麗に来てみて、熟参の形状が平べったいのは水分を絞り出したせいではなく、熟参を保管して

運搬するときにレンガのように積み置くからそうなっただけである
という事実を知ることになった。彼は、高麗人参はどこでも栽培が
可能だが、春州（現在の春川）で採れるものがもっとも良いと記し
た。

17世紀に入り、人参の人工栽培が発展しながら人参と人参茶の
消費が活発化し始めた。茶はすでに高麗時代末期から生産と消費が
委縮し、衰退しかけていたために、時期的に人参の栽培と消費が茶
の衰退とかみ合っていたと説明するには難しい。ただし、民間で薬
用機能を果たしていた茶の消費が、人参の普及でその機能すら失っ
たと見る程度が妥当だ。

1760年の漂流船

1760年、中国の貿易船一隻が朝鮮半島の南海岸に漂着した。こ
の船には中国茶がぎっしり積まれていた。貿易船が漂着したこの事
件は偶然だが、当時、世界の変化を眺望できるいい機会になるはず
だった。しかし、朝鮮の公式記録からこの漂流船についての内容は
探し出せない。これは、この事件が朝鮮の関心の対象外だったとい
うことになる。朝鮮はこの事件を新しい機会ととらえられず、ただ
意味のないひとつの事件として流し去ってしまった。

だが、朴齊家と李徳履は具体的な記録を残した。朴齊家は『北學
議』（1778）で、この漂流船に関して「私は黄茶を積んだ一隻の船が
漂流してきて南海に停泊していたのを以前見たことがある。国中が
この黄茶を用いて10余年にもなるのに、今もまだ残っている」と
記録した。黄茶をぎっしり積んだ中国船が漂着して南海に停泊し、
最終的にその茶は朝鮮で販売された。10余年過ぎても残るほどだっ
たのだから、茶が想像できないほど多かったという意味にもとれ

る。だが、同時に朝鮮の茶の消費が限定的だったことを証明するものでもあった。つまり、朝鮮では日常的に茶を飲むことがなかったと理解しなければならない。

当時、漂流船の中国人の船員はなかなかのやり手だったようだ。漂流した地域の朝鮮の民が中国茶に関心を見せると、これを利用して中国商人はこの茶を彼らに販売し、滞在中の費用に充てた。

李德履は漂流船に積まれていた茶の形と名前について『東茶記』に「中国の貿易船が（漂流して）きたとき、国中がそれ（その船に積まれた茶）を黄茶と呼んだ。しかし、枝がとても長く見え、けっして早春に採取された茶葉ではなかった。当時、漂着した人が黄茶だとたしかに伝えたのかは、今となってはわからないことだ」と記録した。

李德履は漂流船に積まれていた茶を黄茶と呼んでいたことに疑念を持っていた。おそらく聞き間違えて伝えられたものだと考えていたようだ。茶書を調べた李德履が理解していた黄茶と、漂流船に積まれていた茶の形はかなり違っていた。彼が茶書で調べた黄茶は、早春に摘んだ小さくて貴重な茶葉で作った茶だった。しかし漂流船に積まれた茶は、枝も長くて葉も大きく、とても早春に採取された物とは思えなかった。

李德履が知っている黄茶は、『茶譜』、『弇州四部稿』、『浄徳集』などによれば、「片甲」ともいう、早春に摘んだ茶葉で作った茶だった。雀舌、鳥嘴、片甲、蝉翼は、すべて早春に摘んだ茶葉の形状からつけられた名称だ。茶葉がまるで雀の舌（雀舌）、鳥のくちばし（鳥嘴）、甲冑の小札（片甲）、蝉の翅（蝉翼）のようだとつけた名前だった。茶書にある「片甲のような黄茶」は、早春に摘んだ甲冑の小札のような葉の形状をした四川の蒙頂黄芽を指す言葉だった。蒙頂黄芽は 56,000 枚の葉で 1 斤の茶を作ったというほど少量の高

級緑茶で、緊圧茶ではなく葉茶、すなわち散茶だった。ただ単にその芽の色が黄色だったために黄茶と言った。

だが、この漂流船に積まれた「黄茶」は枝が長くて葉も大きく、とうてい早春に採取した物には見えなかった。この黄茶は茶書に記録された黄茶ではなかった。それは蒙頂黄芽ではなく、明朝・清朝の時代に海上貿易関連の記事に見られる黄茶だった。この黄茶は発酵した茶で、遅い時期に採取した茶葉で作った福建地域の茶の一種だった。

清代の官僚である黄叔璥が書いた『臺海使槎録』には、明朝・清朝の時代に漳州と泉州を中心に海上貿易が活発化し、どんな品物をどこに運んだのかなどが記録されている。様々な品物が海を渡って交易されたのだが、茶は建寧で積まれて上海關の東側の關東、いわゆる東北地域に烏茶と黄茶を持っていって売ったとある。ここで烏茶と黄茶は発酵茶で、遅い時期に摘んだ葉で作った廉価な茶だった。建寧から持ってきた烏茶と黄茶は中国の東北地域で販売され、ヨーロッパにも輸出された。当時、船倉に烏茶や黄茶だけがぎっしり積まれるほど、茶は中国でもヨーロッパでも需要が非常に高く、よって交易も活発だった。

1760年に朝鮮半島南海に漂着した貿易船は、おそらく建寧から關東に向かおうとしていた船だったはずだ。当時、烏茶と黄茶をぎっしり積んだ船は福建から北側では關東、南側ではバタビア（ジャカルタ）の地に向かった。このとき茶を烏茶や黄茶と言ったのは、茶葉の色が緑色ではなく、茶が発酵して茶色や濃い色をしていたからだろう。

18世紀は、中国と英国間の茶貿易の規模がかなり成長した時期だった。1610年に始まった茶貿易は、しだいに緑茶から紅茶にその中心を移していった。1700年代の100年間で、ヨーロッパでの

茶の消費は300倍に増加し、価格は当初の5％にまで下がり、大衆消費が可能となった。したがって、漂着した船のように茶をぎっしり積んだ船が海を進んでいったのだ。

1760年に漂流して朝鮮半島の海岸に流れ着いた中国の貿易船は、結果的に、朝鮮に多くの新しい情報と事実を教えてくれる機会となった。しかし当時、朝鮮の知識人の大部分はそのような正確な情報と事実を認知できなかった。少数の進歩的な意見は簡単に無視されたのだ。依然として中国の権威に抑えられ、独自の認識と把握能力が不足していた状況があらわとなった小さい事例としておく。

同じ内容が反復される記録

茶に関連する情報を活用できなかった事例は、日本通信使の記録にも似たものが見られる。朝鮮社会が茶文化に関心がなかったのか、もしくは外の世界に関心がなかったのか、朝鮮人は日本に関しても300年近く同じ情報を繰り返して認識していた。

1443年、朝鮮通信使の書状官として日本を訪問した申叔舟は、日本の地形と風習、儀礼などを調査して世宗に報告した。これがいわゆる『海東諸國記』だ。この本に、室町幕府当時の茶の風習が詳しく記録されている。『海東諸國記』によれば、当時の日本人はそれぞれ皆茶を好んでいた。道端には茶を売る茶店があり、行き交う人は銅銭一枚を出して茶一杯を買って飲んだ。人が集まる場所であればどこでも市場を開いて店を出した。

それから270年余り過ぎた1719年に通信使の製述官として日本を訪問した申維翰の『海遊聞見雑録』に残された記録も大きく違わない。『海遊聞見雑録』によれば、日本人は男女貴賤を問わずすべての人がそのまま水を飲まず、茶を沸かして飲んでいた。よって、

家々ごとに穀物類より茶を備蓄することに、より神経を注いでいた。食事のたびに必ず茶を一杯ずつ飲むために、市場町に釜を据え付けて茶を淹れる商人が居並んだ。

　もちろん初の海外見聞録という点で、同じように書かれる部分もありうる。だが、相手国に対する理解が、足踏みをしている状態であったという点は認めざるをえない。店や道端で、茶を買って飲んでおり、市場に活気があるという状況を繰り返し説明しただけで、これを通して社会や産業の発達に対する理解を深めることに思考の幅が広げられなかった。「宝の持ち腐れ」という言葉があるが、朝鮮が保有していた多くの情報は、活用できずにそれぞれ散らばってしまい、むなしく通り過ぎてしまった。

朝鮮の茶文化を見る視覚

　朝鮮の茶文化について述べるとき、よく「18 ～ 19 世紀を茶文化の中興期」だといわれる。これは、茶山丁若鏞と草衣禅師などの象徴性が作りだしたものでもあり、北學派の研究とも関連がある。そして研究者ですら悩むことなく定説として受け止める傾向があったことも事実だ。

　18 ～ 19 世紀は『扶風郷茶譜』、『東茶記』、『東茶頌』、『茶神傳』など、茶に関連した書物が発行された時期で、丁若鏞・申緯・草衣禅師・洪顯周・李裕元などの文学作品も多く残っている時期なので、当然茶文化が特徴的である時代であることは間違いない。だが、「この時期を中興期と規定できるか」という問題については、もう少し慎重にならなければいけない。なぜならば、この時期を中興期として見る視点はその前の時期、つまり朝鮮時代中期の茶文化が衰退し、そのうえ断絶された状態だったということを暗黙の了解

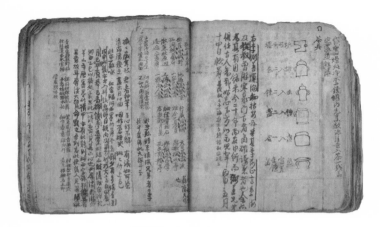

黄 胤錫、扶風郷茶譜、1755
（ファンユンソク）

とするからだ。

　はたして15 〜 17世紀、朝鮮時代中期の茶文化が後期と比較して
衰退し、ほぼ断絶された状態だったといえるだろうか？　そうであ
れば朝鮮時代中期の文人が残した茶と関連した文学作品が、むしろ
後期の作品よりけた違いに多いという事実は、どう説明するのであ
ろうか？　ここまでくると18 〜 19世紀の茶文化の発展を中興期と
表現するのは多少誤解の素地があるという事実を認めざるをえな
い。

　朝鮮の茶文化は統治が安定した15世紀中ごろ以後、文人が中心
となって形成したという特徴がある。後期の茶文化はむしろ少数の
マニア層が強調される傾向が見られる。これらと北學派の関連性も
深い様子がうかがえる。

　高麗と朝鮮の茶文化は大きく二つの面に区別できる。ひとつは文
化の中心に王室があったかどうかである。高麗は王室の茶文化が中

心機能を果たしたといえる。一方で朝鮮をそう見るのは難しい。もうひとつは、文化の中心がどんな階層のために構成されたのかである。高麗が貴族文化であったなら、朝鮮は一部の文人が茶文化の中心にいた。高麗も朝鮮も基本的に上級社会の文化という範囲のなかで発展した。

　朝鮮の茶文化の研究は、中国や日本と比較すると忸怩たる思いにかられるものがある。中国の茶文化は、早くから安定的な生産環境を確保しながら大衆的な茶文化を相伝してきた。日本は上層の文化としての権威を確立しながら茶文化の底辺を拡大していった。韓国は高麗時代の貴族中心の茶文化から、朝鮮時代の少数の文人の文化に帰したと見なければならないだろう。

　中国と日本では茶文化が発展したのに、朝鮮ではなぜ茶文化が消え去ってしまったのか？　中国では確実な生産性を基盤にして、誰もが飲む日常の茶として発展し、日本は権力と富の象徴として茶道が定着していった。しかし韓国では文人の教養と趣味の範囲にとどまっていた。茶の生産と供給から自給の段階、そして専業の段階に発展できなかったのだ。そのうえ中国茶をより好むということまで重なり、国内の茶の生産は非常に消極的なものとなった。生産が消極化することで物質的土台が貧弱だったのは、茶文化の発展にもっとも大きな障害だった。

　これが朝鮮の茶文化の特徴であり、また別の障害としては中国古典に対する執着が指摘できる。少々誇張気味に説明するとしたら、朝鮮の茶文化を導いてきた茶人は、まず理論で茶を学んだといえる。茶を嗜み、味わいながら理論を具するというよりは、文章でまず学んでから嗜む傾向があった。それだからか、茶について表現するときも、その権威を古典に託した。これが、朝鮮の茶詩に数多くの古典から引用された事例が多数を占める理由だろう。茶を嗜む

文人は、専門性が高い素養を重視したが、それは古典に準じたものだった。茶に夢中になった人ですら8世紀に書かれた『茶経』の内容をそのまま再現しようとし、宋代の士大夫の鑑賞の範囲から抜け出せなかった。朝鮮の文人の詩に、湯が沸く音についての文言が多い理由も同じ脈絡と思われる。

　小中華を自負した思考方法も、発展と変化という門にしっかりと錠をかけて閉ざしてしまった。中国では薄れていった『茶経』の中の餅茶が朝鮮に受け継がれ、宋代の皇帝の茶だった龍團勝雪も19世紀まで言及された。このような現象は、朝鮮の小中華主義と関連がある。一般的に昔の物だけを崇拝する態度、現在の変化を認めない態度が次の段階に前進するための扉を閉ざしてしまったのだ。

日本の茶文化のながれ

4

茶
の
流
入
と
闘茶
とうちゃ

入唐求法僧と茶

　東アジアの日本・中国・韓国の三か国の中で、日本はもっとも遅く茶が普及した。それだけに抹茶を飲む完成された形態が普及し、現在までもその原型がそのまま受け継がれていることが、日本の茶文化の特徴のひとつだ。日本の伝統的な抹茶の飲み方とその作法を「茶の湯」または「茶道」という。茶道という言葉は江戸時代（1603〜1868）初期に使われはじめ、17世紀中頃に茶の湯に代わる言葉となった。私たちが一般的に日本の茶道の完成者として知っている千利休の時代、すなわち16世紀に、茶道という言葉はまだ使われていなかった。

　日本の茶文化を茶道の成立過程を中心に調べてみると、闘茶、つまり婆娑羅茶から書院の茶に、書院の茶から草庵茶へと発展しなが
ばさらちゃ

ら完成されたといえる。一方、茶の生産という面から茶文化を見ると、茶が主に輸入されていた時期と、日本国内で生産され普及した時期に大きく区分される。中国の高級茶を輸入して消費していた平安時代（794 ～ 1185）には、貴族が形成した茶文化があったのだが、これは断絶した。その後、日本国内で茶が本格的に栽培され、栂尾茶が名声を得た。この時代には、貴族と武士を中心とした上級の階層の茶文化が発展し、15 世紀に宇治茶の生産が確立されると庶民層まで広がっていった。

　日本に茶文化が伝えられた時期は、9 世紀頃だ。それを象徴する出来事として、815 年に僧侶永忠（えいちゅう）が梵繹寺（梵釈寺（ぼんしゃくじ））で嵯峨天皇にお茶を差し上げたことが挙げられる。それ以前の記録に、茶の種子が中国からもたらされて栽培したとなっているが、これは推測だけで、信頼できる事実として証明するのは難しい。

　平安時代に中国に渡った留学僧は、日本に中国の文化を導入して伝播するのに重要な役割を担っていた。すでに日本は遣隋使と遣唐使を中国に派遣していたので、中国の文物を受け入れていた。遣隋使は 3 回、遣唐使は 630 ～ 894 年に 16 回も派遣している。それ以降、平安時代には中国風の物が大流行した。茶も中国文化を代表する物品のひとつだった。

　この時期に日本に茶を伝えた留学僧は永忠と最澄、空海が挙げられる。彼らの活動で、日本において茶が栽培されはじめ、まだ限定されてはいたが貴族と僧侶が茶を嗜むようになった。永忠は 770 ～ 780 年頃、唐に渡って 30 余年の間滞在した。そして 63 歳になった 805 年になってようやく帰国した。その年に最澄と空海もともに帰国の途についた。留学僧はたいてい 1 ～ 2 年程度中国に滞在し帰国したが、永忠は滞在期間が非常に長かった。それだけ茶について習得する時間が十分にあったはずだ。

815 年に永忠が梵釋寺で嵯峨天皇にお茶を差し上げたという記録は、公式に認められている日本の茶に関連する初めてのものだ。嵯峨天皇が在位していた 9 世紀初期は、遣唐使を通した交流の結果、中国から伝えられた貴族文化が日本の上流文化として確立される時期だった。政治の安定を基盤に、嵯峨天皇は唐風のさまざまな格式の編纂と儀礼の整備を進めた。また、彼自身文芸面でもすぐれた才能を持っていて、宮中文化の中心を興隆し、繁栄させたという評価を受けている。

　宮中儀式と関連した年中行事の手順など、宮中儀礼がこの時期に整備されたことで、永忠が嵯峨天皇にお茶を献じた 815 年は、茶に関心を向けるにはちょうどいい時期でもあった。それは、すぐに茶の栽培が始まることにつながった。嵯峨天皇は茶の栽培を奨励しようと宮廷内にも茶園を造り、造茶所という役所を置いた。だからといってこれを契機に日本で茶の栽培が活性化されたわけではなかった。茶が初めて栽培されて製造されたという程度のことだけで、大部分は輸入された中国産の茶に依存していた。

　茶の供給が主に輸入に依存していたということは、普及の限界を意味している。つまりこの時期に茶を飲む習慣は、日常生活までは浸透しなかった。先進文化と認識されていた中国文化を憧憬する平安時代の貴族と僧侶が、主に身分上の行為として、儀礼的に茶を飲む程度だった。茶は宮中で宗教的な儀礼を行うとか、大臣に施す儀礼、または寺院で行う儀礼に定着する様相を見せた。

　しかし、9 世紀末になると遣唐使が廃止された。これにより、やっと根を広げようとしている茶文化の芽は刈り取られてしまった。度を越した中国文化への憧憬に対する反省のなかで、貴族と僧侶に広まった茶を飲む習慣は急速に衰退する雰囲気となった。また、遣唐使が廃止されるということは、中国から輸入されていた高

級茶の供給が途絶えるということだった。これは当時、限定的だった茶の需要を縮小させるのに十分だった。日本でも茶が栽培され、製造が始まったとはいっても、それまでの高級消費を主導できるほどではなかった。そのため、中国から供給されていた高級茶の供給断絶は、貴族が持っていた茶に対する関心の度合いを低下させるのに十分な影響力を持っていた。

当時、貴族の茶に対する関心は、中国文化に対する憧憬の一部であっただけだ。茶に対する本質的な関心やアプローチではなく、大陸文化の単純な模倣といった次元だった。つまり、遣唐使の廃止とともにその関心も低下したのだ。貴族の文学作品で茶について述べることが次第に減ったということも、このような事実を反証している。だからといって茶がなくなるということではなく、ただきまざまな儀礼でなんとか命をつなぐ程度だった。だが、その後の鎌倉時代になると再び茶文化が導入され、拡散されていく。

栄西と『喫茶養生記』

日本に茶文化が根を張り、持続的発展をする契機は禅僧栄西にあった。彼が中国から持ち帰った茶の種子で実際に栽培に成功したかどうかはさておき、日本の茶文化の持続的発展の契機となった人物であることには違いない。彼は日本に茶文化を広げようとした先駆者だった。栄西は 1168 年と 1187 年、二度にわたって中国に行き、1191 年に帰国した。彼は禅宗とともに、当時の宋の茶文化を日本に伝えたのだが、宋の末茶を飲む方法である點茶法がこのとき伝えられ、日本の茶文化の基盤となった。

1214 年、栄西と鎌倉幕府の三代将軍源実朝の出会いは、武家社会に茶が普及して流行する契機となった。その年の 2 月 3 日、実朝

は前夜から夜通し続いた宴会のため、二日酔いで苦しんでいた。すると、栄西が良い薬だと言って抹茶一杯を差し上げ、二日酔いを治した。抹茶一杯が体のだるさを解消し、安らかな気分を取り戻してくれたのだ。こうした最高権力者の逸話は、茶の栽培と普及の決定的なきっかけとなった。茶の効能に対する期待とともに、高級文化のイメージを持つ茶は、上級の武家社会に素早く浸透した。これを証明するかのように、鎌倉時代の武士が茶を贈り物にしたり、茶を買い求める内容の手紙も多数残っている。

　茶の普及が活性化したのには、このような逸話とともに『喫茶養生記』（1211）という具体的な書籍の存在があった。当時、栄西は実朝に茶と併せて、「茶の徳を称える文」という題目でこの本を献上した。『喫茶養生記』は「茶とは、末法の世には養生の仙薬であり、人々の寿命を延ばす妙術である」という文章で始まる。栄西は養生を用いた完璧な現世の追求が、仏教の完成であるとした。そしてこれは、貴族はもちろんのこと、すべての大衆が実現しなければならないと考えた。つまり三法（仏・法・僧）の祈願による効験で仏教を経験することよりは、確実で具体的な薬用方式の実践と、適用を活用するのがむしろ有意だと記した。そのような実践のための指針書として『喫茶養生記』という、日本で最初の茶関連書籍が誕生したのだ。

　栄西を日本の茶文化普及の先駆者だといえるのも、この『喫茶養生記』に起因する。この本は源実朝に献上されたが、その内容は権力者のためだけのものではなく、一般大衆まで含んだものだった。『喫茶養生記』にはかなり現実的な疾病の治療方法が書かれていた。特に5種類の病気、すなわち飲水病、中風により手足が思うように動かなくなる病、食べ物を受けつけなくなる病、瘡の病、脚気の病に対する処方であった。飲水病は消渇病と同じような病で、現代

の糖尿病と似ているものだったようだ。このような病が、当時の人がもっとも苦労していた代表的な疾病だった。結局、茶を用いることで肉体は大病の苦痛から逃れ、享受すべき生命をまっとうでき、そのときには現世において仏教は揺るがないものとなるというものだった。

　栄西は仙人になる2つの方法として、苦行と仙薬があるとしている。苦行の道は一般的に実行するのは大変だった。一方、仙薬を飲むのは、その薬を買い求める方法が難しくなければ、実践できないわけではなかった。栄西はもっとも効果的な仙薬を茶と桑の木の枝だとした。これらを服用することで、仙人の段階に到達することは大衆にも難しいことではなかった。また当時、茶と桑の木を買い求めるのは難しいことではなかったので、茶の実用化は順調に進められただろう。このようにして茶は薬用から始まって嗜好品に、同時に日常生活の中の文化のひとつの型として位置づけられた。庶民に茶が普及するまでにはまだ時間が必要だったが、この程度まで進んだだけでも栄西が日本の茶文化普及の先駆者と呼ばれるのに異論はないだろう。

闘茶、もしくは婆娑羅茶

　鎌倉時代になると、日本の各地で茶の栽培が始められた。併せて宋代の點茶法が伝えられ、茶の飲用が当時の支配階級である武家社会に普及した。日本国内での生産により、もう輸入に依存しなくていい供給体制が確立されていった。国内産の茶の供給が進められると、茶の飲用も武士の生活の中に溶け込みはじめた。そして、日本の武家社会という環境に適応した特有の茶文化が形成される基盤が作り上げられた。

新興武士の茶会は騒がしくて派手な集まりだった。彼らの茶遊び
は闘茶、もしくは婆裟羅茶というものだった。婆裟羅は梵語の韻を
ふんだもので、本来は「金剛」という意味なのだが「華やかで見栄
えがいい」という意味で定義され、当時「騒々しさと身のほどを過
ぎた贅沢」を意味するようになった。つまり婆裟羅茶というと、武
士が嗜んだ華やかで贅沢なもので溢れ、騒々しく進められる闘茶を
称した。

　日本の闘茶は、中国のものとはまったく違う雰囲気で進められ
た。中国の闘茶が茶園の茶の品質競争で始まり、茶を作る過程と味
を競う文人の高尚な趣味であり遊びだったとしたら、日本の闘茶は
まるでくじ引き大会のような、多少軽薄な雰囲気を帯びた武士の遊
びだった。闘茶は本茶と呼ばれる栂尾茶とほかの地域の茶をききわ
ける鑑別方式で進められた。

　栂尾茶が本茶とよばれていたのは、その寺とともに当時、品質が
もっとも良いという評価を受けたためだ。栂尾茶は、1202年に栄
西が建仁寺を建立するために京都に行ったとき、茶の種子5粒を高
山寺の僧侶 明 恵に贈ったことが、その出発点となる。明恵は栄西
から贈られた茶の種子を蒔いて、栂尾で栽培を始めたという。徐々
に栂尾茶が名声を得るようになるとこれを本茶とし、ほかの地域の
茶はすべて非茶とした。

　上流武家社会に茶が普及すると、新しい娯楽として闘茶が流行し
たが、これは高価な景品がかかった華やかで騒々しい遊びだった。
この遊びは茶を飲みながら進めるだけのものではなく、酒宴のあと
に繰り広げられる形式だった。つまり、ごちそうと酒宴でもてなさ
れたあと、中国から渡ってきた珍しい器などを景品として並べ、茶
の飲み比べをした。

　もっとも簡単な闘茶は、4種類の茶を10回に分けて飲む四種十

服で、茶の味を当てて本茶と非茶をききわけるものだった。さらに種類を 20、30、50、100 種と増やしていき、様々な種類の茶を大量に飲み、競う方式のものもあった。宴会の後半に行われる一種の余興のようなものだった。

　当時の武士の遊興には、競う形式を持った遊びがいくつかあったのだが、それらのうちで闘茶がもっとも人気があった。豪勢に並べられたごちそう、終わらない酒宴、華やかに飾られた宴会場、高価な景品など、次第に闘茶は豪奢の極致を見せるようになった。このような状況となった闘茶を「婆娑羅茶」という。そして、婆娑羅といえば傍若無人な行動をしたり、身のほどをすぎた贅沢をするという意味にもなった。このように闘茶が目に余るぜいたくな風潮が流れ始めると幕府は禁止令を出し、闘茶は公序良俗に反する社会現象として認識されるようになった。

　室町幕府樹立後に発表された法を調べてみると、当時の華やかな衣装や装身具など、贅沢な風潮を一掃して質素な生活をしなければならないというのが一番目の内容だった。二番目が、闘茶などの莫大な金品の景品や賭博を禁ずるものだった。このように法で規制までしようとしたのをみると、その茶の集いがどれほど派手で騒々しいものであり、武家社会の贅沢が度をすぎていたものかがわかる。

茶一杯に銅銭一枚

　次第に茶は、寺院から武家社会に、さらには庶民にも普及していった。庶民層に茶が普及したのは室町時代（1396 ～ 1573）以後である。その前までは、庶民が茶を飲んでいた記録を探すのは難しい。13 世紀が過ぎても相変わらず庶民にとって茶は、身近な対象ではなかった。それらを示す代表的な逸話が無住（むじゅう）の『沙石集（しゃせきしゅう）[1]』

（1283）に記されている。

　ある日、僧侶がござを敷いて座っているところを、牛飼いが通りか
かったときのことだった。牛飼いは、僧侶が飲んでいたものが気に
なって尋ねた。
「お坊様が召し上がっているものはなんですか？」
　僧侶はそれが茶だと教え、茶を飲むと良いことについて次のように
詳しく説明した。
「茶には三つの徳があります。一つには眠気覚ましになります。二つ
には消化を助ける効果、三つには性欲を抑制する効果です」
　僧侶のていねいな説明を聞いた牛飼いは、むしろ無関心そうに背を
向けてぶつぶつとつぶやいた。
「昼間は働いて夜はぐっすり眠るというのが、私の楽しみのひとつな
のだが、眠れないのは困ってしまう。食べる物も少ないのにすぐに
消化してしまったら、私は倒れてしまう。そのうえ妻のそばにいら
れなくなったら、それは本当にとんでもないことだ」

　もちろんこの話が、全部事実だとは受け入れにくい。だが、庶民
が日常の飲料として茶を飲むには、まだ魅力的ではなかったという
ことは確認できる。鎌倉時代まで庶民の茶の飲用は依然として薬用
の範囲にあった。
　ところが室町時代初期の 1403 年になると、誰もが通りを歩いて
いて銅銭一枚だけ出せば茶を一杯飲める場所ができた。そこは東寺
の南大門前の "一服一銭" という茶店だった。[2]
　寺の前の道は単に寺の出入口というだけではなく、繁華街だっ
た。人々はぶらぶらと歩いて買いもの気分を楽しんだり、用事を済
ませたりするためにここに集まってきていた。この道を行き来す

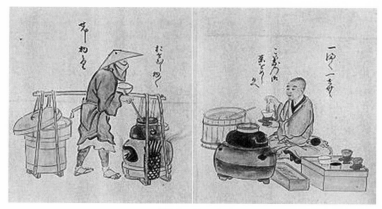

茶店"一服一銭"

る人を対象に茶を売る茶店や行商人がいたということは、日常生活
に茶が奥深く入り込んでいたことを伝えている。1443年、朝鮮通
信使の書状官として日本を訪れた申叔舟が『海東諸國記』に書き残
した日本の通りの風景も同じ姿だった。申叔舟の目にも、通りを行
き来し、銅銭一枚で茶一杯を飲む日本人と、活気のある商いでにぎ
わっている通りが印象に残ったようだ。このように15世紀になる
と、日本人は階層を問わず、一般的に茶を飲むことを好み、通りで
茶を買って飲むことも平凡な日常の姿となった。

　その時代の絵画作品からもそんな通りの様子をうかがえる。「祇
園社大政所絵図」という二曲の屏風絵には京都にある祇園社の昔の
姿とともに祇園社前の通りの風景が描かれている。絵には、祇園社
の入り口を中心として神社の塀に沿って一間ずつ区切られて屋根だ
けしかない形態の商店が確認できる。そこに大きな釜をのせて飲料
を売っている。屏風の左側にある羽根模様に見える小さい出入口の
右側に人が座っている店の様子は、そこで茶を売っていることを確
かに表している。中央に座っている店の主人と思われる人が、茶鉢

祇園社大政所絵図　一部

を持って茶筅でかき混ぜる姿が正確に描写されている。左手で茶鉢を支え持ち、右手で茶筅を持つ姿は、現在の茶道で抹茶を点てて飲むときの動作と同じであり、もちろん茶筅の形態も同じである。

　祇園社の前の通りの風景は、当時の庶民の生活を正確に描写している。このころ、もうすでに茶は庶民にとっても日常でよく買い求める飲料となったことがわかる。薬用としての飲料から始まり、日常の飲料に発展したのである

　茶を売る行商の姿が絵画に描かれるようになったのも室町時代からだ。16世紀の画家である狩野秀頼が描いた「高雄観楓図屏風」[4]は、6曲の屏風絵である。京都の住民が高雄の紅葉狩りを楽しむ姿が描写され、紅い色が華やかな作品だ。中央に配置された湖を中心に、そのまわりに紅葉が華麗に描写され、紅葉狩りに来た観光客が描かれている。そして右側の湖のほとりには、茶を売る行商の姿が描かれている。この商人は長い木の棒を持っているのだが、棒の一

高雄観楓図屏風

方に風炉が、もう一方に茶具を入れた籠がぶら下がっている。

　人通りが多い道に銅銭一枚出せば茶を飲める茶店があり、茶を買い求める人を見つけながら茶を売る行商までいたというのは、茶を飲むことがもう貴族や武士だけの専有物ではなかったということだ。

　それであれば、その前の時代まで、茶を飲むと眠れず空腹で難儀だという茶についての庶民の認識はどうして消えてしまったのか？認識の変化には様々な要因が作用したはずだ。その中でなによりも重要な要因は茶の供給面に見出すことができる。茶の栽培と生産が拡大するにつれ、高級茶だけではなく庶民が嗜むことができる廉価な茶も供給されはじめたのだ。比較すると粗悪で品質は落ちるが庶民もすでに薬用として茶を飲んでいたため、廉価な茶の供給によって庶民層は次第に茶を飲む頻度が増えていった。そのうえ当時の日本人は抹茶を主に飲んでいたのだが、これもやはり庶民層に茶が普及するのに有利に働いた。現在のように茶葉を浸した抽出分だけを飲んでいたら、空腹感はもっと耐え難いものだったであろう。しかし抹茶は茶葉の様々な成分も同時にとれ、わずかではあるが満腹感も得られる。

　なによりも上流文化に対するあこがれは、あらゆる文化の普及と拡散の早道だ。茶が庶民層に普及したのもこのようなセオリー通りのことだった。上流の貴族や武士が高価な道具や華やかな物品で空間を飾りたてながら高級な栂尾茶で茶比べを楽しんでいたとしたら、庶民は廉価な雲脚茶で雲脚茶会を楽しんでいた。使用人は使用人で台所に集まって茶会を開き、庶民も庶民的な場所で茶会を楽しんだ。

　雲脚茶は粗悪な低価格品だった。室町時代には雲脚は低品質の茶の名称だった。茶の泡が消えるのが、まるで浮雲が素早く通り過ぎ

高雄観楓図屏風　部分

ていくみたいだという意味からつけられた名前だった。抹茶を飲む
時代において良い茶とは、茶の泡がきめ細かくたってなかなか消え
なかったからである。低価格の茶が普及しはじめると、庶民も道端
で茶を買って飲んだり、茶会を開くなど、茶は徐々に庶民の日常生
活に馴染んだ飲料となっていった。

清規の
伝来と
日本茶

<ruby>清<rt>しん</rt>規<rt>ぎ</rt></ruby>

「清規」とはなにか？

　日本の茶文化を思い描くとき、儀礼的な茶を飲む様子を一番初め
に連想する。茶の湯といわれる抹茶を飲む作法、つまり茶道は日本
の代表的な伝統文化のひとつである。礼を尽くさなければならない
席で茶を飲むときだけではなく、日常で茶を飲むときも儀礼が浸透
しているのが、日本の茶道の特徴だといえる。日本の茶文化がこの
ような特徴を持つようになったのは、茶という物質とともに非物質
的な内容も併せて取り入れられたためである。非物質的な内容の重
要な部分を担っていたのが、仏教の宗派のひとつである禅宗であ
り、特に禅宗の「清規」という規範書の導入は、日本の茶文化の形
成と発展過程に大きな影響を及ぼした。
　当時、禅宗は東アジアの文化を主導していた。日本に茶が伝えら

226

れたのも禅宗の活動を通じてのものだった。禅宗の留学僧は中国での求法後、帰国する際に茶の種子を持ち帰ったりもし、茶による疾病治療についての情報を提供したりもした。そしてその僧侶たちの茶に基づいた生活は民間の茶文化形成の規範となった。その規範の象徴性を表すものが清規という禅宗の生活規範書だった。

　最初の清規は、中国で百丈懐海（ひゃくじょうえかい）によってまとめられた『百丈清規』なのだが、これは『古清規』ともいう。中国では『百丈清規』を契機に、寺院ごとにその寺院なりの清規を制定し、保有しはじめた。しかし、『百丈清規』が 900 年代に散逸して相伝できなくなった後、各寺院の清規は都合のいいように変えられ始めて統一性がなくなっていった。このような状況が 10 世紀以後もそのまま続いた。

　当時のこのような状況を嘆いた慈覺宗賾禅師（じかくそうさく）は、禅門の戒律を完全なものに復元しようと力を尽くした。彼は各地の長老と議論して各寺院に散在している清規の資料を集めて書きつけ、1103 年に『禅苑清規』を完成させた。『禅苑清規』は現存するもっとも古い清規というだけでなく、何度も筆写され、地域を限定せずに国内外に広く流布された、影響力の強い清規だった。

　『禅苑清規』は全 10 巻で構成されている。第 1 巻は、寺院で修行者が行わなければならない基本の生活と関連した内容である。僧侶が順守しなければならない戒律、僧侶が所持すべき物品とその保管方法と包装の仕方、服装についての内容、寺院で常住または一時的に寝泊りするために経なければならない手続き、食事と茶を飲む席に臨む際のきまりなどを説明している。第 2 巻は、叢林（そうりん）［修行僧が一つの所に集まり住んで、樹木のように静寂に修行に励んでいる場所］で行われる様々な行事と、その儀礼に関する内容である。第 3 巻には、僧侶の役職・四知事に関連したもので、知事の任命と各知事の職務および知事の任期満了による交代についての内容である。第 4 巻

は、僧侶の役職・頭首と何人かいる小頭首に関連したもので、寺院内外で行われる各種の職務に関する内容である。第5巻は、各種茶礼儀式に関する内容である。住職が主管する茶礼儀式から、知事と頭首が主管する茶礼、場所や対象など、多様な茶礼儀式について説明している。第6巻は、各種法事と出入り、警戒、書信業務から葬儀にいたるまで、寺院で執り行われる様々な事案についての内容である。第7巻は、住職の任命から葬儀、退院にいたる各種事案についての内容である。第8巻は、叢林で生活する者が守るべき義務と奉仕をそれぞれの職位ごとに著している。第9巻は、沙彌の受戒と警戒に関する内容、そして童行に与える訓戒の内容である。第10巻には、『百丈清規』を要約した内容が書かれている。

　このように『禅苑清規』は題目のとおり、禅僧が寺院で守らなければならないすべてのことを規定したものだった。禅宗の寺院では肉体労働も修行のひとつの方法と考え、農禅竝行ができあがった。したがって、清規にも内部の人材の組織的運営に関連した内容が具体的に規定されている。あらゆる職責が組織的に構成されているので、禅宗の寺院での生活儀礼が強調される特徴がうかがえる。茶と関連した多くの儀礼も記されている。

　また、肉体労働と修行の並行を原則としていたので、禅僧は茶を生産して作り、販売することに自然と関与するようになった。禅宗がこのような特徴をもっていたので、禅僧の活動によって茶とその文化がともに活発に普及し、発展したのは当然だった。

　『禅苑清規』は中国に限定されず、韓国と日本にも伝えられた。高麗では1111年に宋で再刊された本を原本として1254年に刊行された。これを『高麗版　禅苑清規』といい、現在も保存、伝え続けられている。日本では鎌倉時代の留学僧によって『禅苑清規』が国内に入ってきた。

道元と『永平清規』

　13世紀に中国に渡った禅宗の留学僧は、たいてい『禅苑清規』
に触れることになる。留学僧たちは帰国する際にこの本を持ち帰り
もした。『禅苑清規』は現在、二系列の版本6種が残っているのだ
が、この6種がすべて日本にあるという事実は、あらゆる経路で
『禅苑清規』が日本に持ち込まれたことを意味する。また、それほ
ど広く流布されたとも解釈できる。特に積極的に清規を紹介し、日
本に清規を定着させた人物が道元である。

　道元は幼いときに出家して1213年に14歳で受戒し、比叡山で天
台教学の研究に専念した。比叡山は日本の貴族仏教の思想的拠点で
あり、当時の堕落の様相は深刻な水準だった。各寺が僧兵を保有し
て衝突が頻繁に起こり、天台座主の地位をめぐる金品の授受などの
腐敗が蔓延していた。また、妻妾を抱えた僧侶が上層部を掌握して
いたので、修行環境もよくなかった。

　一方、当時は栄西が大陸から伝来した禅宗の新しい宗派である臨
済宗を広めていた。新しいことに関心が高かった道元は、比叡山を
下りて建仁寺の栄西を訪ねた。これをきっかけにして道元は、栄西
の弟子明全の門下で修学することになり、1223年に明全とともに
中国での求法の道へ旅立った。その後、1228年に入滅した師匠明
全の遺骸とともに帰国した。

　帰国した道元は、『禅苑清規』を日本でそのまま適用するには多
少そぐわない部分があると考えていた。結局、彼は日本の禅宗寺院
の特殊性を反映した『永平清規』を作った。『永平清規』は全6編
で構成されている。道元は1237年から1249年までの13年をかけ、
『禅苑清規』を単純に踏襲したものではなく、日本に合わせた清規

として生まれ変わらせた。

　13世紀に、日本と韓国の両国に『禅苑清規』が伝えられたのだが、両国の環境には大きな差があった。高麗は蒙古軍の侵入によって40年にわたって抗戦の日々を繰り返していたが、日本は島国という利点を生かし、蒙古軍の侵略に大きく影響されなかった。このような環境の差は、清規を受け入れる態度にも影響を及ぼした。高麗では蒙古軍の侵略に対抗していて消失した『八万大蔵経』を作り直したように、清規の再生も国難克服のための行為であった観がある。蒙古軍の侵略という現実問題を解決するための祈願がこめられた行為だったのだ。禅宗の戒律の実践が優先される状況ではなかった。

　一方、日本に伝来した清規は禅宗寺院で実践を積みながら、日本式清規として生まれ変わるという過程を経た。本来、清規の制定目的は、禅宗寺院発展のため清衆（修行者）である僧侶の宗教生活を確立し、統制するためのものだった。よって清規は、宗教生活のありとあらゆる所で解脱方法を示した。つまり、日常でも労働、例えば僧侶の食事を調理する仕事のような日々の労働に対しても、最高の価値を持った修行のひとつの方法として認知し、意味を持たせた。清規をもって規定された各種の役目による仕事と行為は、得度修行に必須のものとなった。

　禅宗寺院の生活で意味がない行為はなく、すべてのことが修行の一部だった。『永平清規』によると、洗面所に行くときですら手拭いを半分にたたんで左側の腕に掛け、両手を袖の中に入れ、合掌して歩かなければならない。どの方向の通路を使用するかによって、どちら側の足から踏みだすかも決められていた。洗うときに手拭いで衿と袖をまくりあげる方式も規則通りにしなければならなかった。そして、歯を磨く時間と舌を磨く回数まで定められていた。こ

のように日本の禅宗寺院では、宗教的な目標を達成するためにこまごまとした行為までをもひとつひとつ規定した。このような宗教生活の細かい規定は、日本の茶道の規則ととてもよく似ている。茶を飲むときも、動作のひとつひとつに当為性を持たせ、それらを必ず守らなければならないとしているのは、清規の実践という禅宗の教えからきているとうかがえる。

清規と茶

　禅宗寺院での生活と茶は密接した関連性を持っていた。修行と日常全般において、茶はかかせないものだった。禅宗寺院では頻繁に茶礼が行われた。修行僧全員が僧堂に集って茶礼が行われる大規模な儀式もあり、小規模なものでは部屋で茶を飲むことまで、多様な規模とあらゆる場所で茶礼が開かれていた。清規に基づいた禅宗寺院での茶礼は、非常に体系的に規定されていた。

　中国では清規と『茶経』を基本として、禅宗寺院と民間のそれぞれにおいて茶の作法が確立されていたのだが、日本では清規の影響を受けて民間の茶の作法が完成されたことがわかる。

　仏教の禅の文化は、日本という地域的な空間に多方面に変化を起こした。民間の住居にも多くの変化があった。建築では書院造という様式が用いられ、宗教的空間の様式が民間に取り入れられた。以前は寝殿という貴族や武家屋敷の空間が儀礼的な空間としても同時に使われていたのに対して、書院造の建物では接客空間が独立していて中心に位置していた。これは親睦を目的として様々な文化関連（茶、歌、楽器など）の行事を主催していた幕府にとって現実的で必要性のあるものだった。集う場所である会所には禅宗寺院の様式が取り入れられて、床、棚、付け書院のような装飾が施されていた。

五百羅漢図

茶文化は清規を基本としてさらに高度な影響を受けた。婆娑羅茶という遊びとしての茶の集いから、格式を持った厳格な儀礼という茶の集いに変化した。「五百羅漢図」に描かれているように、三々五々僧侶が集い、自然を友としながら寂しげに茶を飲んでいる雰囲気だ。

　世俗的な日常生活において禅の宗教的修行という要素は消え去り、その代わりに茶の集いは禅文化の鑑賞と芸術化の方向に発展していった。支配層として武士と公家、新しく富を築いた町人（商人）、そして宗教界を支配していた禅僧が結びつきあいながら日本の中世特有の文化を作り上げていった。豊かになっていった生活に禅宗寺院の儀礼が加わって格調を高め、日本の特徴的な風土を形成していった。

　そして、動作のひとつひとつを規定して禅宗寺院生活を導いてきた清規のように、すべての行為に意味を持たせた茶の集いが茶室という特別な空間に生まれた。自然と親しむ雰囲気は、庭園をはさんで造られた小さい茅葺の建物で完成され、その庭園を通り過ぎると、現実とは別の世界に入ったことになり、自然と同化して芸術を鑑賞する茶道が成り立った。

金閣と銀閣

　室町時代は、ついに日本の茶道が姿を現わし始めた時代だった。そのような変化の雰囲気を象徴的に理解できる建築物も、この時期に造られた。室町時代の文化は、北山文化と東山文化に分けることができるが、これは金閣と銀閣に象徴されるものである。現在も鹿苑寺に行くと金箔をまとった3層の楼閣である舎利殿のきらびやかな姿が見られる。鹿苑寺より金閣寺という名の方が知られているように、金閣は武家社会の華やかでぜいたくな文化の一面を象徴している。

　そして、やはり銀閣寺という名の方が知られている東山慈照寺に行くと、銀閣を見ることができる。金閣がきらびやかな金色であれば、銀閣は銀色で華やかでなければならないのだが、実際にはそう

金閣寺
銀閣寺

ではない。もともと銀閣という名称は、銀箔を貼る計画だったために
つけられたものだ。室町幕府の8代将軍足利義政は、祖父である
3代将軍足利義満が建てた金閣のように、華やかな建築物を建てよ
うとしていた。しかし建物全体を塗装できるだけの銀を集めるのは
簡単なことではなく、そのうえ応仁の乱で物資調達が難しくなり、
銀箔を貼る計画は延期となった。最終的に銀箔が貼られないまま黒
漆だけ塗って完成としたので、黒色の簡素枯淡な建築物となった。

　ところが、黒漆だけ塗ったままの黒色の銀閣の姿は、その後、書
院の茶から草庵茶に発展する茶文化を生み出した東山文化のイメー
ジとよく合っている。意図したわけではないが、むしろ茶文化を理
解するのに黒漆だけを塗った銀閣のイメージの方が、意味があるよ
うに感じられる。

　金閣で象徴される北山時代の茶の集いは、次第に闘茶の娯楽的要
素を遠ざけはじめた。禅宗寺院の文化が上流武家社会に浸透しなが
ら、享楽的で騒がしい遊び方が排除され、その代わりに儀礼を通し
た品格を備える段階に進んでいった。彼らは茶と歌、楽器などの遊
びを楽しむための空間として会所を自宅に設置し、この空間を当時
唐物と呼ばれていた中国から輸入した絵画と書、工芸品などで華や
かに飾りつけたりした。ところが、ここで騒がしく遊んでいた雰囲
気から荘厳な禅寺の雰囲気を演出しはじめると、会所という室内空
間は芸術品を鑑賞して美的感覚を高める、財力と教養を誇示する場
所に形を変えた。だが、武家の会所は茶を飲むためだけの空間では
なかった。茶の集いが開かれはしたが、依然として酒宴が行われる
宴会場で、猿楽能、松拍子（正月に行わる芸能）、和歌会や連歌会と
呼ばれる歌の集いなどの行事が開かれる空間だった。

　武家の会所が禅宗寺院の様式に変化する様子は、14世紀の絵画
からもうかがえる。京都の本願寺の第3代住職であり、実質的な開

和歌会

祖といえる覚如の生涯を描いた絵巻「慕帰絵」では、中世の禅宗
寺院文化の影響を受けた武家の生活空間を垣間見ることができる。
「慕帰絵」5巻3段の絵巻である「和歌会」は、会所で歌の集いが
開かれている場面を描いたものである。まだ酒宴の席が整っていな
いが、会所の横の空間では酒宴のための食事の準備をしている最中
だ。室内の空間は、上方の壁に書院飾りである床の間がしつらえて
あり、床には畳が一部設置されているのがわかる。この絵巻は儀礼
と茶具、座敷という茶道を形成する三大条件が、会所という武家の
宴会の場でも一部に表れていることを示している。

書院の茶と畳四畳半

東山時代は書院の茶の文化が確立した時期だった。15世紀に入
り、禅宗の建築様式である書院式が加わって、早いスピードで会所
の書院化が進んだ。床の間のような書院式装飾と畳敷きの部屋の出

現は、新しい茶の湯というスタイルを誕生させた。唐物を中心とした中国文化に禅宗の寺院の書院式装飾が導入され、畳敷きの空間に変わりつつ日本特有の雰囲気が作り上げられはじめた。特に、畳の登場は立式茶礼［禅院茶礼の古い形態は、仏前飾りがなされ、立ったまま点茶を行う茶礼だった］を座式茶礼に変化させた。

　書院の茶とは元々僧侶が書院で飲む茶で、書院は僧侶が読書などをする書斎だった。ここが武士の生活空間のうちのひとつの様式として借用され、書院造という新しい建築様式が誕生した。書院造とは広い建物の内部を障子と引き戸で仕切り、複数の部屋を作り、畳を敷いた住宅様式を指す。会所に書院造が取り入れられ、一部の床に畳を敷いて書院飾りである床の間と付け書院、違い棚などが作り付け始められた。

　床の間は、床に厚板でできた押板を設置し、三面を壁で囲んだ奥行のある空間で、ここに絵画を掛けた。付け書院は、僧侶の書斎として使われた書院に設けられた出窓、つまり張り出し窓と、それによってできた段差を机として、読書や筆をとるためのスペースとして使用した出文机に基づいている。違い棚は、左右の棚が互い違いになっている装飾空間だった。

　本来、この書院造の設備は実用的で機能的なものだった。室町時代になると、このような設備が武士の生活空間に取り入れられて装飾空間に変化した。これによって唐物の陳列は簡潔で荘厳、かつ格調高いものとなった。もう豪華な品物を陳列して、騒がしく派手に行われる婆娑羅茶はなかった。このころから芸術品を鑑賞し、美の世界を探求する茶の集いが開かれた。天目茶碗を鑑賞したり、中国の有名な水墨画を鑑賞しながら審美眼を養う場となった。相変わらず酒宴が催されはしたが、闘茶のときのようにむやみに遊んだり飲んでいた酒宴とは違う様相だった。

また、台子を用いることによって、茶を淹れる場所と飲む場所が同一空間となった。台子は、風炉や釜などの茶道具を置く移動式の棚のようなものだった。会所や書院には炉が取り付けられていなかったので、書院の茶文化初期には茶を点てる場所と飲む場所がそれぞれ別の空間にあった。移動させることができる台子の使用で、ひとつの空間で茶を点て、飲めるようになったのである。

　会所のような広い場所で行われていた書院の茶の集いは、依然として貴族的なものだった。貴族と武士が嗜んだ格式高い書院の茶の集いを素朴で簡素にし、内的要素を強めた人物が村田珠光である。そこから四畳半の空間で成る書院の茶文化が始まった。

　畳四畳半の書院の典型的な姿は、銀閣がある慈照寺の東求堂で見ることができる。本来、慈照寺は、室町幕府の8代将軍足利義政が引退後の住まいとして建てたものだった。ここには中心に観音殿として建てた銀閣のほかにもいくつかの建物があるのだが、そのなかで東求堂は三間半四方の規模で、池がそばにある。そして、内部に畳四畳半を敷いた同仁斎は、小さい書斎空間として造られた接待と社交の空間だった。

　同仁斎には違い棚と並んで付け書院が据えられた。広い会所で催された宴会と比較して、規模が小型化されて装飾物も簡素化され、社交性や遊戯性が高い贅沢な酒宴の集いは存在しなくなった。また、畳を敷いた座敷の空間において、主客と上下の差別がない公平な空間として定着した。こうした面で畳四畳半の書院の茶文化は、草庵茶文化に一歩近づいたと考えられる。

堺と草庵茶

　堺は草庵茶の本場である。大阪府西部に位置する港湾都市堺は、

東求堂

室町時代に中国（明）およびヨーロッパ（主にポルトガルとスペイン）との貿易で大きく繁栄した。堺商人の蓄積された富は、日本の茶道が形成されるのに多大な影響を及ぼした。また、堺は日本の茶道を完成させた千利休の故郷でもある。

　日本の中世の時期に、国際貿易港の拠点のひとつだった堺は、財力を生かして商人層の独特な文化を形成していった。ここで「市中山居」という茶の湯を催す小さい家が造られた。茶の湯は、ただ茶を点てて飲むだけにとどまらず、厳格な格式と礼法が求められた。厳格な格式と礼法という形式を備えていたということは、それらにこめられた意味があったということだ。それがまさに茶の湯の精神であり、「わび」といった。わびは「静寂な暮らし」「思いわずらう」「閑寂な趣に浸る」などの意味を持つ"侘ぶ"という古語に由来した言葉だ。この言葉は単に観念的なものとしてだけではなく、堺において具現された。それがまさに茶の湯の家屋である草庵である。つまり、日本の茶文化を語るとき、「茶の湯」「茶道」「わび茶」は一つの単語として理解してもよいだろう。わび茶がもてなされた場所は、主に小さな家、草庵だったので草庵茶ともいった。

　草庵についての記録は、ポルトガルのイエズス会の神父ジョアン・ロドリゲス（Joao Rodrigues）が書いた『日本教会史』（1620）に残されている。この本を見ると、堺の茶文化がどれほど発展したのかがよくわかる。堺の豪商は茶具を数多く所有し、小規模な茶の空間を造った。池がある広い人工庭園を造るのは現実的に不可能だったので、その代わりに小さい草庵の周囲に樹木を植え、都市の中に目新らしい雰囲気を造りだした。飛び石を敷いた小さい庭園の中の小道は、まるで山奥深くを歩いているように造られた。以前の華やかで規模が大きい書院の茶とは一線を画した、彼らなりの個性が草庵茶には表現されていた。

日本の中世初期の武家社会は、貴族文化に匹敵するほどの独自の文化を形成できなかったため、貴族文化の影響力は続いていた。だが、刀が乱舞する現実の中で華やかな貴族文化の力には限界があり、武家社会にふさわしい文化が求められた。また、商業によって蓄積された富を格式高く消費し、自身の価値を高める対象が必要でもあった。「貧しい境遇でも深い趣をあじわう」というのは、日本の中世の歌人の趣味だったが、貿易港堺において現実的で具体的な形態が茶を通して具現化されたのが草庵だった。このように、茶の湯は富裕層の商人と武士の心を惹きつけ発展していった。

　このようなアプローチは、当時の文化の主流を築いた禅宗の影響を受けたものだった。武家社会に安らぎや安定感を与える形式は、自然への回帰のように現実から離れられる求法的なアプローチからできあがった。小道という空間を通り過ぎると現れる、小さい茅葺の家は非現実的だった。だからむしろ実在するような説得力を持つ。「市中山居」という非現実的な空間を確保することによって、むしろ現実よりもなおいっそう現実のような感覚を与えてくれる日本の茶の空間は、武家社会が生み出した成果物だった。

　結局、富を追求する商人と刀で権力を追求する武士、無所有の解脱を追求する禅僧という、類似性がない三つの世界の志向が結びついて形成された茶文化がわび茶であり、草庵茶であるといえる。彼らは非現実的で人為的に質素な環境を作りあげては、それが現実的で自然であるように認識した。そして、そのなかで一体感や融合を求めていく茶文化を誕生させたのである。

　「和敬清寂」という四文字は、わびの精神を代表する言葉である。「和」は調和と和合、平和を意味する。茶室に集った人がおたがいに配慮、尊重する心を持ち、差別なくその時間と空間を満たすことである。「敬」は恭敬と謙虚を指す。「清」は、澄んでいて清らか

なことを意味する。道具や空間だけでなく、人の外面から内面まですべてが清浄無垢な生まれつきの状態でなければならないということだ。「寂」は、静かでひっそりとして寂しいなかで満足し、平穏な状態を追求することを意味する。草庵という主体的でありながら狭い空間で、「和敬清寂」のわび精神は儀礼的で規定された行為として表現された。

千利休と千家の流派

　千利休は、わび茶文化の大成者といわれている。彼は茶人としての才能を持ち、当時の最高権力者である織田信長と豊臣秀吉の茶頭（さ どう）（客に抹茶でもてなすことをつかさどる職）を歴任し、日本に茶道を確立させた。

　千利休は本名を田中与四郎という。彼は国際的貿易港だった境の豪商であり倉庫業を営む家の長男として生まれた。幼いころから茶を習っていた与四郎は、同郷の茶人北向道陳（きたむきどうちん）と武野 紹鷗（たけ の じょうおう）に師事し、京都を中心に近畿地方で、わび茶の茶人としての名声を手にした。

　そのころ彼は千宗易（せんのそうえき）という茶名で活動していた。宗易という名前は、19 歳になった年、武野紹鷗について学んでいたときに、当時の慣行に従って大徳寺の 笑嶺（しょうれい）和尚に参禅して授かった。このときに姓も、祖父である田中千阿弥の“千”に替えて千宗易とした。千利休の祖父は、幕府の職制のひとつである同朋 衆（どうぼうしゅう7）として勤め、千阿弥と呼ばれていた。祖父は香と茶具を取り扱う仕事をしていた。千利休が茶を好きだったのも、家の中でそれらに常に接していたからではないだろうか。

　千利休という名前は、豊臣秀吉の働きかけによって天皇からもらったものである。それを名乗るようになったのは、彼が 64 歳の

1585年だった。1585年は、豊臣秀吉が関白という最高の官職につ
いた年だった。豊臣秀吉は正親町天皇のために茶会を催す計画で、
これを手伝った人物が千宗易、後の千利休だった。だが、宮中茶会
には官職についていない商人の身分では参席できなかった。そのた
め、豊臣秀吉が天皇に進言し、千宗易は居士の称号を授かった。こ
の時に与えられた名前が利休だった。以降、千利休と呼ばれはじめ
た。

　千利休は織田信長の茶頭を勤めたあと、豊臣秀吉の茶頭となっ
た。千利休は並外れた茶人を目指し、豊臣秀吉はすべての物を手に
する天下一の権力者を目指した。ふたりはお互いにそれぞれの欲求
を充たすことができた。豊臣秀吉は、千利休に石高3,000石という
破格な待遇を施し、この待遇は茶頭に対する空前絶後の記録として
残った。

　豊臣秀吉の信任を得て千利休の名声は高くなり、茶道も隆盛を
誇った。しかし千利休を信任し、破格な待遇をしたのも豊臣秀吉
だったが、彼を死に追いやったのも豊臣秀吉だった。千利休は、豊
臣秀吉が切腹を命じたことにより1591年に自決した。

　切腹の命を受けた原因については、いくつかの説が記録されてい
る。大徳寺楼門事件説、千利休の娘が豊臣秀吉の側室となることを
反対したためという説、朝鮮侵略に対して反対の立場だったためと
いう説、茶具の売買で財を築いたという説などがあるのだが、その
中で大徳寺楼門事件がもっとも有力な原因と語られている。

　千利休は、その当時未完成だった大徳寺の三門に私財を投じて楼
門を完成させた。これに大徳寺側は感謝の印として千利休の木像を
作って楼門の上に設置した。豊臣秀吉がくぐることもある三門に、
千利休の木像を置いたということは権威に対する挑戦と解釈され、
最終的に木像は取り外され、はりつけの刑という重刑に処された

後、処分されてしまった。これが大徳寺楼門事件の全貌だ。ところが、当時の寺院で寄贈者の木像を安置することは、寄贈者に対する礼遇で慣例的なものだった。しかし、この行為が不敬罪として解釈されたのである。どちらにしても不敬罪は切腹の命を下す十分な原因となりえた。

　結局、千利休の死は政治的にお互いが必要であったことによって結ばれていた関係の、ありふれた結末と理解できる。必要性がなくなって煩わしくなれば取り除かれる兎死狗烹〔うさぎが死んでしまえば、それを捕らえるのに用いられた猟犬は不必要となって、煮て食べられてしまう意。利用価値があるときだけ用いられ、無用になると捨てられてしまうことのたとえ〕と同じである。

　その後、千利休の茶の系統は弟子と子孫によって受け継がれ、多くの流派が形成された。特に彼の家系は実子の道安が継ぎ、その後、養子で娘婿の少庵に継がれた。1580年頃、千利休は道安と少庵の関係に思いを寄せ、少庵を京都に住まわせた。これにより堺千家と京千家が区別されるようになった。堺千家は1607年、道安の死によって断絶し、千利休の家系は京千家として受け継がれていった。京千家は少庵の息子の宗旦に継承された後、表千家、裏千家、武者小路千家の三大流派が成立した。

　宗旦は71歳で隠居し、千利休にならって自身が使った茶室である不審庵を三男宗左に譲り渡して家業を継承させた。この系統が表千家である。引退した宗旦は、新しい茶室今日庵を建て、四男宗室とともに隠居し、ここで裏千家という名ができた。次男宗守は分家して官休庵を建て、武者小路通りに住んでいたことから、この系統を武者小路千家という。

開港以降の日本の茶

世界市場に進出した日本の茶

19世紀になると、茶の生産と供給体制に多くの変化がおこった。中国が独占していた茶の生産が、インドでのアッサム茶の発見以降、生産地が拡大していき競争態勢に入った。なによりも、日本・中国・韓国の三か国すべてが開港し、世界市場に組み入れられた。

この時期になると、茶はもう文化を語るものではなかった。単に資本主義の商品として積極的な販売競争に追い立てられていった。西洋人の観点からすると、東洋文化の華やかさはすでに過去の産物で、現在では時代遅れなものとして理解されていた。経済的、軍事的に世界を席巻した勝利者の観点だった。

1860年代の日本の輸出品のなかで、茶は生糸に続いて2位に位置していた。茶は当時の輸出品の8〜20%を占めていたのだが、

間もなく縮小した。日本の茶は緑茶だったのだが、西洋の需要はすでに紅茶の方が圧倒的に高かったからだ。中国の混乱によって、中国緑茶の供給分を補う範囲で日本茶の輸出は好調を見せたが、じきに難関にぶつかるしかなかった。

　世界市場で競争しようとする日本は、積極的な情報収集に走った。当時、世界各国は海外の経済情報の収集と情報提供に力を注いでいた。この業務を遂行していたのは各地にあった領事館だった。日本の領事館の活動も活発だった。日本の場合、領事の情報収集と報告の任務がほかのどの国よりも大きかった。長い鎖国政策期間を経ただけに、蓄積された海外の情報がない状態だったためである。

　日本は積極的に世界の茶市場開拓に乗り出しはしたが、良い成果を得ることはできなかった。時代の流れも日本に有利ではなかった。茶の生産という面では、伝統的な生産地である中国の競争力は以前のような独占的なものではなかったが、依然として健在だった。インドとセイロン［現在のスリランカ］の競争力は伸び続けていた。世界の茶市場では紅茶の消費が大勢を占め、緑茶の消費が高かった米国ですら再び紅茶に戻りつつあった。日本は紅茶生産に取り組んだが、競争力を持つことはできなかった。日本の茶の輸出は、1890年代前半をピークに下落に転じた。

　文化の要素がない商品としての茶の競争は、日本にとって過酷なものだった。生産面でもインドとセイロンに引けを取り、販売戦略も立ち後れた。安価な労働費用と機械生産を武器にインドとセイロンの茶は、安くて健康に良い飲料というイメージを押し立てて市場を攻略した。日本は相変わらず文化的イメージで消費者に対してアピールしようとしていた。高品質を誇った東洋文化のイメージがすでに絶え果て、消え失せた時点で、文化を掲げた攻略は説得力がなかった。

文化のための反論、『茶の本』

　中国の茶文化を論ずるとき、陸羽の『茶経』が必要不可欠なように、日本では岡倉天心の『茶の本』が挙げられる。この２冊は書かれた時期も大きく違い、著述目的も違うが、現在まで多くの人に読まれたという共通点がある。

　『茶の本』は、1906年に岡倉天心が東洋文化に対する西洋人の非常識な理解を嘆き、著した本である。西洋人が持つ偏見を排して東洋、そのなかでも特に日本文化を広めようとしたので、この本の初版は英語で書かれ、米国ニューヨークで発刊された。

　20世紀になる頃、東洋文化に対する西洋人の観点は以前とは大きな差があった。17 〜 18世紀にはシノワズリ（中国風）、19世紀にはジャポニズム（Japonism）[8]のブームが起きた。だが、20世紀に差し掛かった頃の東洋は、植民地経営と利益追求の対象となるしかなかった。

　岡倉天心は、日本を未開の国とみなした西洋人が、日露戦争で日本が勝利すると「日本は文明国になった」と評価する状況を嘆かわしく思った。彼らが見せた日本への関心は、武士が切腹する"死の方法"についての論争を繰り広げる程度だった。肝心な日本人の"生の方法"を語る茶道には、ほとんど関心を見せなかった。岡倉天心はこのような態度を批判した。

　彼が西洋に対して批判的な主張を繰り広げても、ナショナリズムに埋もれなかったという点は『茶の本』が持つ長所だ。それは彼が、基本的に平和主義的な態度を堅持したということと、茶道という主題が与える生の全般を論じられる広い範囲のためだった。日本人の生活文化を代弁する茶道を論拠の主題にしたということは、卓

越した選択だった。そのうえ、茶道の儀礼や手順を説明する味気無さに陥らず、茶道の真意や哲学的精神に言及した。しかも彼は随筆のように、自然に平易に書いた。平易に書いてはいたが、彼が見せる高い見識と全体を展望する視線は、けっして軽いものではなかった。これらのことが、この本が日本の名著の一冊として挙げられる要因となり、現在まで読み続けられるようになった理由である。

　彼の本は、むしろ日本文化に対する理解を妨害するという批評を耳にすることもあったが、東洋に関する資料が不足していた時代に、熱狂的に読まれたのも事実だ。現在も日本文化を理解するのに有効な入門書といえる。日本の茶道が持つ特徴と内容を通して、日本の文化、日本人の思考方式を理解するのに有用だからである。

　岡倉天心は、下級武士の息子として1862年に横浜で生まれた。横浜は日本最大の貿易港で、彼は西洋の文物に直接触れながら成長した。しかし西洋文化に過度に傾倒せず、仏教と道教、日本の伝統美術などに幅広く関心を持った。そして東京大学に進み、日本の伝統美術の専門家となった。また、見聞を深める様々な機会が度々あった。1886年にはヨーロッパの博物館や美術館を1年間視察し、1893年には中国を、1901年にはインドを旅行した。このような見聞を通して西洋文化に対する認識が高くなっただけでなく、東洋文化が西洋に比べて引けをとっていないという確信も得られた。

　1902年末、ボストン美術館を拠点として、日本と米国を行き来しながら積極的に行動し、『茶の本』を出版して好評を得た。東洋についての読み物がたいしてなかった西洋において、日本人が著した日本文化に関する本は、当然のことながら注目された。そのうえ、主題とした茶は日本の生活文化を映しだすものであり、日本人の思考方式を理解するうえでの核心部分でもあったのでさらに注目を集めた。

『茶の本』は、ページ数は多いとはいえないが、岡倉天心は茶を基盤とした生活や美術、生き方について幅広い考察を書きつくした。彼は、芸術とはその時代の生き方に準じることでこそ心から理解できるものであり、茶道もやはり同じだと考えた。過去のことを単純に模倣するのではなく、現代人の意識や感性に同化したものでなくてはならないとした。そうすれば独創的で画期的なスタイルになれるということだ。

　『茶の本』は茶道の真意を説明するものとして始まる。茶道とは、繁雑な日常生活を過ごしながら、そのなかから美を見つけ出して大切にする意識だと記している。そうはいってもただ単に美を追求してはならず、倫理および宗教、清らかな生活、質素を重んじる経済学に至るまで、関係性を持たせなければなければならないと主張した。さらには、宇宙とも共感する精神世界を確立できるとした。茶を嗜むときは誰でも最高のものを享受できるので、茶道は東洋的民主主義の神髄を目にすることができるものだとも語った。茶文化は中国南方のごく一部の自然環境のなかで、道教の影響を受けてその審美的理念の基礎が構築され、その後、仏教の禅宗によって具体化された。そして、最終的には日本の茶道という形で完成したとし、日本人の誇りを見せたりもした。

　もちろん、このような文章に批判的な見方がないわけではない。彼の本には基本的に日本文化のプライドとともに、西洋に対する批判意識が根強く浸透していた。日本の茶道が高尚な段階に達していたとしても、その精神的、審美的なすばらしさをむやみやたらと説くものではない。しかも、日本的な価値を普遍化しようとする面も見られる。それでも彼の本が日本の茶道を理解するための有用な入門書という事実には変わりがない。一方、韓国の茶文化のアイデンティティを確立する必要性がある韓国人にとっても、日本の茶道に

ついての正確な理解は必要不可欠で、関心を寄せるのも当然のことである。

民藝運動から見た茶道

　強力な欧米文化の波が取り巻いていた20世紀において、伝統文化の再建の必要性があったのは日本も例外ではなかった。その一連の流れで起きた代表的なものが民藝運動である。民藝という言葉を生み出し、その運動を導いた人は柳宗悦だ。彼は「日常の美」、「素朴な美」を主張しながら新しい美の基準を提言した。私たち韓国人にとってなじみ深いその漢字の名前の通り、彼は朝鮮の美にも審美眼を持つ民族芸術の研究者であり、日本の代表的な伝統文化である茶道の発展を推しすすめた人物である。彼の茶道に対する批判も、そのような流れのなかから起きた。彼の著書『茶道を想ふ』（1936）と『「茶」の病い』（1950）を読んでみると、茶道に対する彼の考えと彼が指摘した20世紀の日本の茶道の病が明確となる。また、それは遠からず茶道が進むべき道でもある。

　『茶道を想ふ』は「彼等は見たのである」という文章で始まる。彼等、つまり茶人は、それを観る人、事物を識別できる力を持つ人という意味だ。茶道は「器で観る道」であり、さらには「用いる道」だとした。したがって彼は、茶道において道具をとても重視した。彼がいう道具とは高価な茶具ではなく、じかに見て触れて探し出した器だ。つまり、美を探し出したということである。茶人とは超俗的な審美眼を持つ人物で、正確に、かつ斬新な視点を持つ人だと記した。そのような人物がじかに見て用い、究極に達するのが茶道だった。上手に茶を点てたとしても、茶人になれるものではないとしている。

柳宗悦は、現在では"大名物"と命名され多くの人が賛美する器があるが、それらは元々平凡な民衆が使っていたどうということもない雑器だったと記した。誰もその器に美しさを見いだせないなかで見極めた人が茶人であり、わび茶を完成させた初期の茶人は見極められる人だったということだ。現代の人々は大名物の基準に合わせて茶具を選ぼうとし、それが絶対の基準であるように考えて体裁を整えるのに汲々としている。つまり美を見極められないため選択はおぼつかなく、一定の基準は定められているので選択の幅は狭くなるばかりだ。結局、最近の人々は形式にとらわれない自由さがなくなり、型にはまった外見のみを真似する能力だけで茶人気取りをしていると柳宗悦は批判する。

　なによりも彼は、財力が優先される茶道の集まりを辛辣に批判してきた。審美眼がおぼつかなくて窮屈な選択によって形式にとらわれている代表的な例と考えたのだ。彼らは名器といわれた物を現代にまで続くすばらしい器として決めつけているため、金をかけてそれらを買い求めなくてはならず、所有することで茶道を完成させようとしていると苦言を呈する。彼は、そんなものは茶道でないばかりか、そのような人は茶人になれないと断言する。資産家が天国に行くことは、ラクダが針の穴を通り抜けることより難しいというように、高価な道具を重視する人は真の茶道になかなか辿りつけないということだ。

　真摯な姿勢でおくる生活のなかで美しさを堪能しなければならないというのが、彼の主張だ。つまり、茶道では"無難な茶"、"平凡な茶"を理念としなければならない。平凡なもののなかから異彩を放つものを見抜かなければならない。現在は、過去の茶人が発見した大名物があるが、初期の偉大な茶人ですら出会えなかった美しい道具が、ありがたいことにこの世にはまだ多くあると記した。

柳宗悦は日本の茶道界に現実的な批判をつきつけた。今に残って
いる封建的な慣行であり経済的な共生関係となっている宗家制度と
茶具商、そして彼らに振り回される似て非なる茶人によって引き起
こされる弊害を辛辣に指摘した。茶道は美の宗教で、日本の美意識
と仏教が融合して発展してきた伝統遺産なので、これを健全に発展
させて伝承することが現在の日本に与えられた任務だとした。これ
が、まさに彼が茶道について逆説的に批判した理由だった。

　柳宗悦の文章は強烈な印象を与える。彼の主張が新鮮だからとい
うわけではなく、日本の文化人の中の高い審美眼を持った勢力とい
う点からくるものではないだろうか。批判勢力の存在は、その社会
と文化を発展させる重要な推進力として作用する。茶の儀礼が発展
しはじめた初期から、それに対する反省と批判は存在した。陸羽が
『毀茶論』を著したのもそのような意味からだった。反省と批判的
思考によって、文化は生命力を維持しながら発展していくのだ。

共感する
茶文化の
ために

茶を飲む風習は、長い年月の間で発展しながら世界的な文化に成長した。茶文化が発展できた三つの基本的要素は生産、文化、効能だといえる。まず、生産量が十分にあったためである。すべての文化の形成と発展に、物質的な基盤はとても重要だ。中国で生まれた茶は、初期から十分な量が生産されていた。そして、全世界に消費が拡大した時期にも生産地域が順調に拡大していった。この点が多様な茶文化の発展を可能にした生産面での基盤だった。

　二番目に、それに伴う文化を具していたという点だ。単純な物質的な消費を超え、人間の活動を描き出す多様性を備えていたのが茶文化の特長だ。日・中・韓の緑茶文化は、早くから仏教文化と融合して求法の精神がこめられた。生活、建築、絵画など、多方面にわたってその成果が残されている。

　最後に、効能が挙げられる。今も昔も健康に対する関心は変わらない。茶が持つ様々な効能は、味とともに古今東西を問わず誰にとっても魅力的なものだ。

　このような三つの要素を基盤として、各国はそれぞれ茶文化を発展、伝承してきた。中国が昔から生活の中の茶を作りあげたのな

ら、韓国は士人〔ソンビ〕〔学識を有して礼節を重んじ、儒教理念を実現させようとした身分階級の人〕の文化としての伝統茶文化があった。そして日本は茶道文化という特有の伝統を作り上げた。

茶文化は東アジアに限定することなく17世紀には西洋にも普及し、茶は世界中で嗜まれるまでに発展した。欧米各国で茶を飲みはじめ、英国の紅茶文化は西洋の茶文化を代表するものになった。彼らの好みと生活に合わせた文化として定着したのだ。むしろ20世紀後半になると、ヨーロッパの高級陶磁器とともに、紅茶文化が東アジア社会に逆輸入され始めた。400年ぶりに立場が逆転したのだ。文化はこのように相互交流をしながら変化し、発展する。

現在、私たちは往年の文化としての緑茶文化をどのように継承して発展させるか、また、新しい茶文化をどのように受容して形成させるかという課題を抱えている。この二つの課題は、最終的には同じ問題だ。文化とは、顕在的かつその場その場に調和するものでこそエネルギッシュな生命力を有するからである。

韓国の往年の緑茶文化が持つもっとも大きい問題のひとつは「共感しづらい伝統」という点だ。この問題をもっぱら日本統治時代と戦争、そして分断のせいにだけするには、あまりにも時間がたちすぎた。緑茶文化は私たちが享受して楽しむべき伝統であり、文化でもあり、私たちが抱えている問題である。

伝統復元と文化の発展の問題は、私たちの態度によって一貫性のない結果が出てくるだろう。伝統文化の復元という宿題を解決する過程でもっとも大きい障害は、やはり私たちの中にある。代表的なものとしてリゴリズム（厳格主義）とナショナリズム（民族主義）が挙げられる。これからの私たちは、「私たちの国の伝統は優れていて輝かしかった」という命題にとらわれてはならない。さらに、伝統文化の研究不足という慢性的な問題も解決しなければならない。正

確な事実を知ることは不可欠である。根拠なき伝統を主張すること
は、とりもなおさず伝統の破壊という結果を生み出すからだ。

　元から所有していたものだけが伝統になるわけではない。本来な
かったものも受け入れて消化すると伝統になるということを、私た
ちは歴史から学ぶことができる。例として挙げると、日本が茶道文
化を伝統として確立し、英国が紅茶文化を作り上げたという事実が
ある。元から保有していたものではないが、欠落していることを認
め、必要なものを受け入れた結果だ。私たちにもこのような姿勢が
必要だ。

注釈

Plologue

1 現在の日本茶の製法は蒸し製緑茶という製造方法。

2 日本でいう釜炒り茶。

3 ［原注］760 年頃作られた最初の茶に関する書物。中国唐代の文人陸羽が著した書物で、茶を飲む風習が広がった唐代中期に刊行された。

4 三国時代の魏の張揖（ちょうゆう）によって編纂された辞典。『爾雅（じが）』の増補版にあたる。

5 朝鮮呉茱萸 (チョウセンゴシュユ) の実。ミカン科の落葉高木。薬用植物。

1

1 ［原注］茶道具の名称は、日・中・韓でそれぞれ違う使い方もする。韓国では茶を入れる素焼きの壺 (tea caddy) を「茶壺」といい、茶を沸かす急須を「茶罐」という。だが、中国では茶を沸かす急須を「茶壺」といい、茶を保管する容器を「茶罐」という。

2 ［原注］本来、茶の発酵とは酵素発酵での酸化過程を指す。酵素発酵をさせて作られた茶は時間が経過するほど、その味と品質が低下する。よって、その年に生産された茶をその年に消費することが最善だということだ。反面、普洱茶は製造の最終段階で細菌発酵させる特異な茶なので、酵素発酵だけさせた茶とは性質が大きく違う。

3 ［原注］唐代、鎏金鴻雁流雲紋銀茶碾子、琉璃茶椀茶托、法門寺博物館。『也可以清心 - 茶器・茶事・茶畫』、國立故宮博物院、2004、p8

4 ［原注］唐代 花崗巖石 茶具 1 組 12 件、國立自然科學博物館。『也可以清心 - 茶器・茶事・茶畫』、國立故宮博物院、2004、p29

5 ［原注］唐代　白釉金釦雲龍杯托、臨安縣文物管理會。『品茶説茶』、杭州：浙江人民美術出版社、1999、p113

6　［原注］『品茶説茶』、杭州：浙江人民美術出版社、1999、p29

7　［原注］邢州窯、定州窯、介休窯、楡次窯、耀州窯、青州窯、湯陰窯、修武窯、汴梁官窯、鞏縣窯、汝州窯、鈞州窯、唐州窯、鄧州窯、宿州窯、泗州窯、蕭縣窯、荊州窯、平江窯、闐州窯、益州窯、越州窯、修内司官窯、郊壇官窯、餘杭窯、明州窯、處州窯、饒州窯、撫州窯、洪州窯、南豊窯、建州窯、泉州窯。

8　［原注］丘濬『大學衍義補』巻29、今世惟閩廣間用末茶而葉茶之用遍於中國而外夷亦然世不復知有末茶矣。

9　［原注］「蕭翼賺蘭亭圖」、唐代、絹本着色、27.4 × 64.7cm、臺北故宮博物院。裴紀平、『中國茶畫』、杭州：浙江撮影出版社、2014、p2

10　［原注］周昉、「調琴啜茗圖」、唐代、絹本着色、27.9 × 85.3cm、Nelson-Atkins Museum of Art(Kansas City)。『中國茶畫』、pp6 〜 7

11　［原注］劉松年、「攆茶圖」、宋代、絹本着色、44.2 × 66.9cm、臺北故宮博物院。『中國茶畫』、p32

12　［原注］「備茶圖」、1972 年に発掘された河北宣化遼代張匡正の墓の壁画。『中國茶畫』、p21

13　［原注］劉松年、「闘茶圖」、宋代、絹本着色、臺北故宮博物院。『中國茶畫』、p40 下段

14　［原注］劉松年、「闘茶圖」、宋代、絹本着色、61.8 × 56.4cm、臺北故宮博物院。『中國茶畫』、p39

15　［原注］劉松年、「茗園賭市圖」、宋代、絹本着色、臺北故宮博物院。『中國茶畫』、p42

16　［原注］「闘茶圖」、宋代、絹本彩色、60 × 35cm、天津博物館。『中國茶畫』、p43

17　［原注］劉松年、「盧同煎茶図」、宋代、絹本着色、日本　岡田壮四郎。『中國茶畫』、p41 上段

18　［原注］周季常・林庭珪、「五百羅漢図」、宋代、日本 京都 大德寺。

注釈　　259

http://www.hkcd.com/content/2015-04/13/content_922625.html

19　［原注］馬元馭、「茶具圖」、清代、24.7 × 30.2cm、常熟博物館。『中國茶畫』、
　　p204

20　［原注］文徵明、「茶具十咏圖」(1534)、127 × 57cm、臺北故宮博物院。『中
　　國茶畫』、p92

21　［原注］文徵明、「茶事圖」(1534)、122.9 × 35cm、臺北故宮博物院。『中國茶畫』、
　　p97

22　［原注］文徵明、「品茶圖」(1531)、88.3 × 25.2cm、臺北故宮博物院。『中國茶畫』、
　　p97

23　［原注］黄卷、「嬉春圖」(1636)、38 × 311.2cm、上海博文館。『中國茶畫』、
　　p136

24　［原注］楊晉、「豪家佚樂圖」、56.2 × 1274cm、南京博物院。『中國茶畫』、
　　p184

25　［原注］作者不詳、「高士自娯圖」、高麗、絹本着色、44 × 89.5cm、日本 個人蔵。
　　오병훈、『한국의 차 그림』、차의 세계、2014、p235

26　［原注］作者不詳、「高士囲碁図」、137.2 × 66cm、日本 個人蔵。이원복、「고
　　민왕 전칭작들에 대한 고찰」、『동악미술사학』17、2015、p104

27　［原注］作者不詳、「高士午睡圖」、韓国国立中央博物館。

28　［原注］李慶胤、「山水人物圖」、16 世紀後期、絹本着色、91.8 × 59.4cm、
　　韓国国立中央博物館。

29　［原注］李慶胤、「觀月圖」、絹本水墨、24.9 × 31.2cm、高麗大学博物館。

30　［原注］최혜인、「朝鮮 後期 茶畫 研究」高麗大学修士論文、2016、p3

31　［原注］李上佐、「群賢煮茗圖」、16 世紀、絹本水墨、24.2 × 28.2cm、澗松美術館。

32　［原注］金弘道、「蕉園試茗圖」、18 世紀後期、紙本淡彩、28 × 37.8cm、澗
　　松美術館。

33　［原注］李寅文、「仙童煎茶圖」、18 世紀後期、紙本着色、31 × 41.2cm、澗
　　松美術館。

34 ［原注］「不動利益縁起絵巻」、14 世紀、紙本着色、28.4 × 947.5㎝、東京国立博物館。

35 ［原注］「春秋遊楽図」、6 曲 1 双のうち左側部分、日本　個人蔵。

36 ［原注］菱川師宣、「歌舞伎図屏風」、紙本水墨着色　金箔加工、6 曲 1 双のうち左隻、1.7 × 3.9m、東京国立博物館。

37 ［原注］池大雅、「楽志論図巻」(1750)、東京 梅沢記念館。

38 ［原注］鈴木晴信、「茶の湯」、The British Museum(London)。

39 ［原注］磯田湖龍齋、「二十四孝　郭巨」、The Metropolitan Museum of Art。

40 ［原注］鈴木晴信、「鍵屋お仙」(1769)、Musée national des Arts asiatiques-Guimet(Paris)

41 ［原注］白居易、「夜聞賈常州崔湖州茶山境會想羨歡宴因寄此詩」、『白氏長慶集』第 24 巻 (欽定四庫全書)。

42 ［原注］蘇軾、「和蔣夔寄茶」、『東坡全集』巻 7(欽定四庫全書)。

43 ［原注］「洛陽紙貴」は洛陽の紙価が値上がりしたという意味である。左思が書いた『三都賦』を、当時の文壇で名を馳せていた詩人張華が傑作だと賞賛すると、学識が高いと考えている人々が先を争って『三都賦』を筆写して読んだために、洛陽の紙が品薄となり価格が高騰したことに由来する。彼の作品がよく売れるという意味で引用された。『三都賦』の三都は三国時代の魏の首都鄴、蜀の首都成都、呉の首都建業を意味する。

44 ［原注］崔珏「美人嘗茶行」、『文苑英華』巻 337(欽定四庫全書)。

45 ［原注］趙明誠、「金石録後序」、『金石録』巻 30(欽定四庫全書)。

46 ［原注］曾慥、「鷓鴣天」、『樂府雅詞』巻下 (欽定四庫全書)。

47 ［原注］송재소 (宋載소)・조창록 (曹蒼錄)・이규필 (李奎泌) 著、『한국의 차 문화 천년 5: 조선 중기의 차 문화』、돌배개、2013、pp.260 〜 261

2

1 ［原注］封演、「飲茶」、『封氏聞見記』巻 6。

2　［原注］折税茶は税金を換算して茶で支払うもので、その物量の茶をさす。

3　［原注］耗茶は茶を運搬や販売する過程で消耗される物量に備え、本来の量より少し付け足して支給する数量の茶をいう。

4　［原注］食茶は茶の生産地内で消費される茶をさす。

5　［原注］常平は、物価を安定させて万民の生活を保護するという意味で、救荒と物価政策を含む。これにより各地に常平倉を設置したのだが、常平本銭はその運営のための費用をいう。

6　［原注］歐陽修、「唐陸文學傳」、『文忠集』巻141

7　［原注］作者不詳、『飲茶圖』、扇に絹本彩色、31.1 × 25.1cm、Freer Gallery of Art(Washington D.C)。

8　［原注］到斎は祭祀の準備を始めてから祭祀を終えた次の日までの3日間、主管した人が心身を清浄にして行動を慎むことをいう。

9　［原注］丘濬、「治國平天下之要」山澤之利、『大學衍義補』巻29

3

1　［原注］『三国史記』「新羅本紀」第10

2　［原注］『三国史記』巻2「駕洛國記」。

3　［原注］『韓非子』に出てくる故事である「濫竽充數」、すなわち笛の吹き方も知らないのに300余人の楽団に混じって吹くふりだけをしながら好待遇と報酬を受け取ったという逸話を引用したものである。つまり、能力がない者が、能力があるように見せかけて実力がない人が高位を占めていることを比喩した言葉である。

4　［原注］『荘子』に出てくる話で、風を避けて飛んできたただの海鳥である爰居（えんきょ）を手厚く接待したという逸話を引用したものである。「豚に真珠」のように、釣り合っていない、度が過ぎた待遇という意味である。

5　［原注］劉 向（りゅうきょう）の『列女傳』に出てくる「南山霧豹」のこと。これは、犬や豚は与えたら与えた物だけを食べながら肥え、結局食べられてしまう。南

山の黒い豹は霧雨が1週間降り続いても山から下りてきて食べ物を探そうとしないのだが、陽が差さず、自分の毛皮の光沢と模様を失いたくないからだという。つまり、どんな難題にも屈せずに本分を守る真の君子を意味する。

6　[原注]『桂苑筆耕集』巻 18、송재소・유홍준・정해렴・조창록・이규필訳、『한국의 차 문화 천년 3：삼국시대・고려의 차 문화』、돌베개、2011、p46

7　[原注]『東國李相國全集』巻 13

8　[原注]『東國李相國全集』巻 13

9　[原注]『東國李相國全集』巻 13

10　[原注]『高麗史節要』巻 2「穆宗宣讓大王」、穆宗 5 年秋 7 月、近覽侍中韓彦恭上疏、言、「今、繼先朝而使錢、禁用麤布、以駭俗、未遂邦家之利益、徒興民庶之怨嗟」其茶酒諸店交易、依前使錢外、百姓等私相交易、任用土宜。

11　[原注]『高麗史節要』巻 7「肅宗 2」、肅宗 9 年 7 月、戊戌。幸南京。辛丑。駕次峯城縣。出官錢、賜群臣軍士有差。時、泉貨之行已三歲、民貧、不能興用。乃命州縣出米穀、開酒食店、許民貿易、使知錢利。

12　[原注]『西河集』巻 1、「李郎中茶店晝睡」。

13　[原注]『稼亭集』巻 5

14　[原注]『高麗史節要』巻 11「毅宗荘孝大王」、毅宗 21 年 7 月。

15　[原注] 京畿道博物館、『차 , 즐거움을 마시다』、도서출판 이른아침、2014 年、p53

16　[原注]『艮齋集』巻 10

17　[原注]『恬軒集』巻 3

18　[原注]『아언각비』(『여유당전서』제 1 집「잡찬집」권 24) 권 1「차」

4

1　[原注] 僧侶無住 (1226 〜 1312) が書いた仏教説話集。全 10 巻。

2　[原注] 東京国立博物館本『七十一番職人歌合』24 番、「一服一銭」と「煎

じ物売」。

3 ［原注］「祇園社大政所絵図」2曲屏風、京都八坂神社所蔵。

4 ［原注］「高雄観楓図屏風」6曲屏風 149 × 362.9cm、東京国立博物館。

5 ［原注］宋本「五百羅漢図」、京都 大徳寺。

6 ［原注］「慕帰絵」京都 本願寺。

7 ［原注］鎌倉幕府末期から有力な武将に同行する時　衆、あるいは従軍僧を
起源としている。のちに幕府の職制に編成されて将軍や武将の近くで雑務
と芸能を担当し、彼らは阿弥と称した。

8 ［原注］19世紀後半から20世紀初期まで、西洋美術全般に見られた日本美
術の影響と日本的な趣向および日本風のものを親しみ、好む現象。

参考文献

경기도박물관, 『차, 즐거움을 마시다』, 도서출판 이른아침, 2014.

川北　稔, 장미화 옮김, 『설탕의 세계사』, 좋은책만들기, 2012.

김길자, 『중국 다시茶詩』, 현암사, 1999.

김명배 역저, 『일본의 다도』, 보림사, 1987.

──, 『중국의 다도』, 명문당, 1994,

김종태, 『차의 과학과 문화』, 보림사, 1996.

棚橋篁峰, 석도윤·이다현 옮김, 『중국 차 문화』, 하늘북, 2006.

諸岡　存·家入一雄, 김명배 옮김, 『조선의 차와 선』, 보림사, 1991.

문기영, 『홍차수업』, 글항아리, 2015.

ビアトリス・ホーネガー, 조미라 외 옮김, 『차의 세계사 : 동양으로부터의 선물』,
　　　열린세상, 2012.

서은미, 『북송 차 전매 연구』, 국학자료원, 1999.

サラ・ローズ, 이재황 옮김, 『초목전쟁』 산처럼, 2015.

千玄室, 박전열 옮김, 『일본 다도의 정신』, 시사출판, 2008.

수인, 『청규와 차』, 동국대학교 출판부, 2010.

신명호·이근우 외, 『조선시대 궁중다례의 자료 해설과 역주』, 민속원, 2008.

角山　栄, 서은미 옮김, 『녹차 문화 홍차 문화』, 예문서원, 2001.

안대회·이동철·정병설 외, 『18세기의 맛』, 문학동네, 2014.

柳宗悦·熊倉功夫　編, 김순회 옮김, 『다도와 일본의 미美』, 도서출판 소화, 1996.

오병훈, 『한국의 차 그림』, 차의 세계, 2014.

岡倉天心, 이동주 옮김, 『차 이야기』, 도서출판 기파랑, 2012.

왕총런, 김하림·이상호 옮김, 『중국의 차 문화』, 에디터, 2004.

윤장섭, 『일본의 건축』, 서울대학교출판부, 2000.

磯淵　猛, 강승희 옮김, 『홍차의 사계사, 그림으로 읽다』, 글항아리, 2010.

이윤섭, 『커피, 설탕, 차의 세계사』, 한영문화사, 2013.

정동주, 『다관에 담긴 한·중·일의 차 문화사』, 한길사, 2008.

정민, 『새로 쓰는 조선의 차 문화』, 김영사, 2011.

종색, 최법혜 옮김, 『고려판 선원청규 역주』, 가산불교문화연구원, 2002.

주영하, 『그림 속의 음식, 음식 속의 역사』, 사계절, 2005.

치우지핑, 김봉건 옮김, 『다경도설』, 이른아침, 2005.

티엔뤼캉, 이재정 옮김, 『공자의 이름으로 죽은 여인들』, 예문서원, 1999.

한기정, 『조선 후기 지식인의 연구』 보고사, 2014.

ヘンリー・ホブハウス, 윤후남 옮김, 『역사를 바꾼 씨앗 5 가지』, 세종서적, 1997.

羽田 正, 이수열·구지영 옮김, 『동인도회사와 아시아의 바다』, 도서출판 선인, 2012.

角山栄, 『茶の世界史：緑茶の文化と紅茶の社会』, 東京：中公新書, 1980.

裴紀平, 『中國茶話』, 杭州：浙江撮影出版社, 2014.

羅慶芳主 編, 『中國茶典 上下』, 貴州人民出版社, 1996.

騰軍, 『中日茶文化交流史』, 人民出版社, 2004.

廖寶秀, 『宋代喫茶法與茶器之研究』, 臺北：國立故宮博物院, 1996.

凌大珽 編著, 『中國茶税簡史』, 北京：中國財政經濟出版社, 1986.

愛宕松男, 『中国陶瓷産業史』, 三一書房, 1987.

吳覺農 編, 『中國地方志茶葉歷史資料選輯』, 農業出版社, 1990.

吳覺農·范和釣, 『中國茶業問題』, 商務印書館 1937.

王玲, 『中國茶文化』, 北京：中國書店, 1992.

姚國坤·王存禮·程啓坤 編著, 『中國茶文化』, 上海文化出版社, 1991.

宗賾, 『禪苑淸規』, 中州古籍出版社, 2001.

佐伯富, 『宋代茶法研究資料』, 東方文化研究所, 1941.

朱自振 等 編, 『中國茶葉歷史資料選輯』, 農業出版社, 1981.

───, 『中國茶葉歷史資料續集』, 東南大學出版社, 1991.

朱重聖，『北宋茶之生産與經營』，臺灣學生書局，1985.

増淵宗一<ruby>ますぶちそういち</ruby>，『東西喫茶文化論—形象美学の視点から』，京都：淡交社，1999.

陳椽，『茶業通史』，北京：農業出版社，1984.

陳宗懋主　編，『中國茶經』，上海文化出版社，1988.

青山定雄，『唐宋時代の交通と地誌地図の研究』，東京：吉川弘文館，1969.

村井康彦，『茶道史』，京都：淡交社，1980.

篠原寿雄，『永平大清規—道元の修道規範』，東京：大東出版社，1980.

布目 潮<ruby>ぬのめ ちょうふう</ruby>博士記念論集刊行会，『東アジアの法と社会』，東京：汲古書院，1990.

河上光一，『宋代の経済生活』，東京：吉川弘文館，1982.

許賢瑤　編譯，『中國古代喫茶史』，臺北：博遠出版社，1991.

———，『中國茶書提要』，臺北：博遠出版社，1990.

〈著者紹介〉

ソ・ウンミ（徐銀美）

高麗大学 史学科卒業。高麗大学大学院と西江大学大学院で、修士および博士号取得。

慶星大学にて学術研究教授、現在は釜山大学と釜慶大学で講師をしている。

著書に『北宋における茶の専売についての研究』、『朝鮮時代における宮中茶礼の資料解説と訳注』（共著）、『東アジアの人物とライバル』（共著）、『映画、茶を語る』（共著）が、訳書に角山栄『茶の世界史』がある。

〈訳者紹介〉

瀧澤織衣（たきざわ　おりえ）

事業者団体に勤務するかたわら、サイバー韓国外国語大学日本語学部を卒業。企業内で韓国語の通訳・翻訳を手がけている。

緑茶耽美―日・中・韓 茶文化の美
クオン人文・社会シリーズ

2022 年 8 月 31 日　初版第 1 刷発行

著者 ……………… ソ・ウンミ（徐銀美）
翻訳 ……………… 瀧澤織衣
発行人 …………… 永田金司　金承福
発行所 …………… 株式会社クオン
　　　　　　　　　〒 101-0051　東京都千代田区神田神保町 1-7-3 三光堂ビル 3 F
　　　　　　　　　電話：03-5244-5426 ／ Fax：03-5244-5428
編集 ……………… 青嶋昌子　原智子
装幀 ……………… gocoro 松岡里美
組版 ……………… 菅原政美
印刷 ……………… 倉敷印刷株式会社

URL http://www.cuon.jp/
ISBN 978-4-910214-30-6 C0076 ¥2200E
万一、落丁乱丁のある場合はお取り替えいたします。小社までご連絡ください。